Joachim Jahnke

Doppelter Verrat

Die Migrationspolitik der Angela Merkel
Fehler und Lehren für die Zukunft

Bibliografische Information der Deutschen Nationalbibliothek:
Die Deutsche Nationalbibliothek verzeichnet diese Publikation in
der Deutschen Nationalbibliothek, detaillierte bibliographische
Daten sind im Internet über http://dnb.d-nb.de abrufbar.

© Joachim Jahnke
Herstellung und Verlag: BoD – Books on Demand, Norderstedt
ISBN: 9783744840729

Inhalt

Einleitung

Die Migrationskrise wird uns noch lange beschäftigen, und sie wird sich noch in dem Maße zuspitzen, wie auch die Integration der bisher 1,3 Millionen Neuankömmlinge aus 2015 bis 2017 mit einiger Wahrscheinlichkeit zu einem erheblichen Teil misslingen wird. Um das abzuschätzen, muss man tief in die Analyse früherer Immigrationswellen einsteigen, besonders die der türkischen Gastarbeiter, die aus demselben sunnitisch-muslimischen Hintergrund und mit ähnlich geringer Bildung wie viele der Neuankömmlinge zu uns gekommen sind. Eine misslungene Integration von so vielen Menschen ist nicht nur eine verpasste Möglichkeit. Sie wächst sich zu einer schweren Belastung der Gesamtgesellschaft aus. Dass jetzt schon 777.000 der Neuankömmlinge von Hartz-IV leben und selbst sonst immer optimistische Vertreter der Bundesregierung noch in fünf Jahren bis zu drei Viertel von ihnen in Arbeitslosigkeit erwarten, ist eine deutliche Warnung.

Hinzu kommt dreierlei. Erstens, wird der Wohlstand in Deutschland seit Jahren immer ungleicher verteilt, noch ungleicher als in den meisten anderen Ländern. In dieser Situation ist das Land auf die Aufnahme so vieler zusätzlicher Belastungen denkbar schlecht vorbereitet. Nicht oder schlecht integrierte Immigranten werden zu einer bitteren Konkurrenz um Arbeitsplätze, Wohnraum, Kindergarten- und Schulplätze, soziale Leistungen und vieles mehr gerade für die einheimischen Menschen, die sich bei uns ohnehin schwertun. Das geschieht zudem in einer Situation, in der durch die Globalisierung der Weltwirtschaft und durch die fortschreitende Digitalisierung der Wirtschaftsprozesse völlig unsicher ist, wie sich unsere Arbeitsmärkte entwickeln werden.

Zweitens, kann eine Gesellschaft auseinanderbrechen, wenn Neuankömmlinge unser Sozialsystem ausnützen, ohne dazu beizutragen, weil das die Spielregeln in grossem Stil ausser Kraft setzen muss. Drittens, ist mit dem Hereinwinken so vieler Menschen ein Damm gebrochen worden, der immer mehr Immigration aus dem ärmsten Kontinent Afrika auslöst, der Europa unmittelbar gegenüber liegt. Wenn es noch sehr viele mehr werden sollten, wird daran auch die europäische Solidarität zerbrechen, die schon jetzt immer tiefere Risse aufweist. Ohne die offenen Grenzen für Immigranten in Deutschland und ohne das Angebot an die Türkei zum beschleunigten EU-Beitritt hätte Grossbritannien die EU nicht verlassen, da das Abstimmungsergebnis sehr knapp ausfiel.

Für eine kritische Betrachtung ist es unter derart dramatischen Umständen nie zu früh. Sie erfolgt sachlich, faktengestützt und ohne rassistischen Hintergedanken. Das Buch trägt - natürlich nicht im strafrechtlichen Sinne - den Titel „Doppelter Verrat", weil mit dem Verzicht auf eine geregelte Einwanderungspolitik die Interessen eines grossen Teils der Deutschen verraten wurden und weil andererseits mit einer weit übertriebenen Willkommenspolitik besonders gefährdete Menschen in die gefährliche Flucht nach Deutschland gelockt wurden, ohne dass hier die Voraussetzungen für eine geregelte Aufnahme und spätere erfolgreiche Integration der meisten von ihnen bestanden, noch bis heute bestehen. Der Abschied von der Willkommenskultur in Mehrheiten der deutschen Bevölkerung hat ihre Lage noch weiter erschwert. Auch die Interessen dieser Menschen wurden daher verraten, zumal wenn man sie nach einer oft lebensgefährlichen Flucht jetzt wieder abschiebt.

Natürlich kann das noch kein endgültiges Urteil zu der Migrationskrise und ihren Folgen sein. Auch wird die Zukunft erst zeigen, ob die reichen Länder der Welt die Kraft finden, angesichts der schweren Bürgerkriege in vielen der Herkunftsländer der Flüchtlinge, der verheerenden klimatischen Effekte auf die Lebensbedingungen vor allem in Afrika und der fast überall weit verbreiteten Korruption Ersatzlösungen für die Flucht nach Europa einzurichten. Solche Lösungen werden sehr viel Geld kosten, eine weit engere Zusammenarbeit der Geberländer notwendig machen und wahrscheinlich am Ende auch mit in Deutschland besonders unpopulären militärischen Interventionen verbunden sein müssen, um für die Sicherheit der sonst fliehenden Menschen zu sorgen.

Dieses Buch ist eine gründlich überarbeitete, ergänzte und aktualisierte Version seiner ersten Auflage. Vieles ist seitdem schon in den wenigen Monaten hinzugekommen, um die zweite Auflage zu rechtfertigen. Dazu gehört jetzt vor allem eine Sammlung von Abbildungen am Ende des Buches, auf die jeweils im Text verwiesen wird und die das Verständnis der vielen notwendigen Zahlen erleichtern soll.

Bangor, im Juli 2017

1. Historischer Rückblick: Einwanderung ohne Einwanderungspolitik

Deutschland ist, vor allem in seinem westlichen Teil, schon sehr lange und praktisch schon seit seiner Gründung ein Einwanderungsland. Nacheinander und teils gleichzeitig kamen Heimatvertriebene, DDR-Flüchtlinge, Gastarbeiter, Russlanddeutsche und aus den Balkankriegen Flüchtende, bevor die bisher letzte Welle von 1,2 Mio. Menschen in 2015 und 2016 und weiteren in 2017 losbrach.

Heimatvertriebene und DDR-Flüchtlinge

Aus gleicher Kultur begann die Zuwanderung zwischen 1945 und 1950 mit den 12 bis 14 Mio. Flüchtlingen und Vertriebenen aus den früheren Ostgebieten und den deutschsprachigen Gebieten in Ostmittel-, Ost- und Südosteuropa. Die meisten von ihnen zogen in die Bundesrepublik, die damals gerade 51 Mio. Menschen zählte. Sie kamen gut ausgebildet und mit gleicher Sprache und gehörten so zum Grundstock des späteren Wirtschaftswunders. Das gilt genauso für die fast 4 Mio. Menschen, die von der Gründung des ostdeutschen Staates 1949 bis in den Juni 1990 die DDR verliessen, um in der Bundesrepublik zu leben. Kein anderes Land der westlichen Welt dürfte bis 1990 in so grossem Umfang Zuwanderer aufgenommen haben.

Gastarbeiter

Ein besonders grosser Teil der gesamten Zuwanderung nach Deutschland wurde durch die gezielte Anwerbung ausländischer Arbeitnehmerinnen und Arbeitnehmer in den 1950er- und 1960er-Jahren ausgelöst. Man bezeichnete sie als „Gastarbeiter", weil ihr Aufenthalt nur vorübergehend sein sollte. 1973 waren dann ca. 2,6 Mio. ausländische Arbeitnehmer in der

Bundesrepublik beschäftigt, denn das „Rotationsprinzip" funktionierte nicht und die Aufenthaltszeiten der angeworbenen ausländischen Beschäftigten verlängerten sich zusehends. Einerseits suchte die deutsche Industrie billige Arbeitskräfte, andererseits drängten die Entsendeländer, vor allem Italien, auf die Gastarbeiterüberweisungen als Ausgleich der Leistungsbilanzdefizite, die aus den deutschen Exportüberschüssen entstanden. Auch aussenpolitische Motive spielten eine Rolle, vor allem beim Anwerbeabkommen mit der Türkei. Franz Josef Strauss, der damals unter Adenauer Bundesminister für besondere Aufgaben war, wollte mit dem Eingehen auf die italienischen Bitten den Forderungen nach Lohnerhöhungen seitens deutscher Gewerkschaften entgegentreten.

Besondere Bedeutung erlangte die Zuwanderung von Gastarbeitern aus der Türkei. Sie waren in den 60er Jahren als Männer aus Dörfern und kleinen Städten Anatoliens, dem rückständigsten Teil in der Ost-Türkei, an die Fliessbänder des Ruhrgebiets geholt worden. Sie hausten bis dahin im Zuge der Landflucht in Slums um Istanbul, hatten eine abgeschlossene türkisch-traditionelle Sozialisation hinter sich und holten später Ehefrauen und andere Familienangehörige aus der Ost-Türkei nach, wobei die Frauen besonders wenig Schulbildung auf dem Lebensweg mitbekommen hatten. Vor der Einwanderung waren sie lediglich auf Geschlechtskrankheiten hin untersucht worden. Wenig Bildung war gut für die Fliessbänder, da von solchen Menschen wenig gewerkschaftliche Organisation zu erwarten war. Da die türkischen Gastarbeiter sofort einen sicheren Arbeitsplatz erhielten, hatten sie unbehinderten Zugang zum deutschen Arbeitsmarkt und von dieser Seite her eigentlich gute Startbedingungen für die Integration.

1973 zum Zeitpunkt des Anwerbestopps lebten ca. 825.000 türkische Arbeitnehmer mit ihren Familien in Deutschland. Vor allem durch Familiennachzug und eine hohe Geburtenrate hat sich ihre Zahl seitdem auf nahe drei Millionen fast vervierfacht und steigt stetig weiter. Während in der

Regel die Geburtenzahl nach der Immigration sinkt, läuft dieser Prozess bei Türkinnen mit Migrationserfahrung deutlich langsamer. Ihre Geburtenjahrgänge 1965-1969 nach Abschluss des normalerweise gebärfähigen Alters kommen auf fast 2,5 Kinder pro Frau bei einem deutschen Durchschnitt von nur 1,5. Kinderlosigkeit ist unter diesen Frauen selten, und etwa die Hälfte von ihnen haben mindestens drei Kinder. In Deutschland lebt heute etwa die Hälfte aller türkischstämmigen Menschen in Europa ausserhalb ihres Mutterlandes. Mit 17 % stellen sie in Deutschland den grössten Anteil an den Menschen mit Migrationshintergrund, sehr viel mehr als die folgende Volksgruppe der Menschen mit polnischem Hintergrund mit 10 %.

In Deutschland waren die Anwerbeabkommen ziemlich unpopulär. In einer Allensbach-Umfrage von 1956 erklärten sich 55 % der Befragten als „dagegen" und nur 20 % „dafür". Als dann 1973 die Energie- und Wirtschaftskrise ausbrach, musste die Bundesregierung die Anwerbung stoppen. Doch fand keine organisierte Rückführung statt. Zudem setzte mit dem Anwerbestopp der Familiennachzug ein. Diejenigen Gastarbeiter, die aus Westeuropa, vor allem Italien, Spanien und Portugal, zu uns gekommen waren, kehrten grösstenteils in ihre Herkunftsländer zurück. Dagegen blieben die aus der Türkei, bei denen die deutschen Behörden eine Rotation besonders erhofft hatten, in Deutschland wenig oder gar nicht integriert hängen. Die Erfahrung ist so zu einem Paradebeispiel für die Probleme bei der derzeitigen Integration muslimischer Einwanderer aus Asien und Afrika geworden.

Russlanddeutsche

Ebenfalls überwiegend aus der gleichen Kultur kam die Welle der Spätaussiedler aus der Sowjetunion und danach aus ihren Nachfolgestaaten. Die sogenannten „Russlanddeutschen" hatten 1987 das Recht auf freie Ausreise aus der Sowjetunion erhalten. Das ermöglichte die Ausreise in die Bundesrepublik Deutschland oder in die damalige DDR ohne Bezug auf eine Familienzusammenführung, sofern dafür eine Einreisegenehmigung erlangt werden konnte. Die Erteilung der Aufnahmebescheide erfolgte noch relativ zügig, so dass die Aussiedlerzahlen 1991 bei über 147.000 blieben und 1992 auf über 195.000 anstiegen. Angesichts der hohen Zahlen wurde allerdings im Januar 1993 mit dem deutschen Kriegsfolgenbereinigungsgesetz eine Kontingentierung eingeführt. Pro Jahr durften nun 220.000 Spätaussiedler aufgenommen werden. 1999 wurde diese Quote auf rund 100.000 abgesenkt. Die Zuwanderung der im Vergleich zur einheimischen Bevölkerung im Durchschnitt wesentlich jüngeren Aussiedler war also nur während einer kurzen Zeit als willkommene Korrektur zum demografischen Wandel in Deutschland angesehen worden. Insgesamt sind so seit 1950 über fünf Millionen Aussiedlerinnen und Aussiedler einschliesslich ihrer Familienangehörigen in die Bundesrepublik eingewandert.

Der Westbalkan kommt

Eine weitere Welle von Zuwanderung kam mit der Auflösung Jugoslawiens und den dann ab 1991 dort ausbrechenden Kriegen vom Balkan und aus Albanien. Auch an der letzten noch anhaltenden Migrationswelle sind Menschen vom Balkan stark beteiligt gewesen. In den ersten 9 Monaten 2015 kamen noch mehr als 35 % aller Asylsuchenden vom Westbalkan und damit weit mehr als aus Syrien. Zwar wurden schon im Herbst 2014 Mazedonien, Serbien und Bosnien-Herzegowina und ab November 2015 auch Albanien, Montenegro und der Kosovo als „sichere Herkunftsländer" eingestuft, was die Asylgewährung unwahrscheinlich macht. Dennoch bauen viele auf die lange Dauer, bevor es in Deutschland zu Abschiebungen kommt.

Osteuropa auch

Ferner leben in Deutschland viele Menschen aus den osteuropäischen EU-Beitrittsländern, die durch den EU-Beitritt freien Zutritt zum deutschen Arbeitsmarkt gewonnen haben und sich oft als Niedriglohnkonkurrenten verdingen oder als Arbeitnehmer osteuropäischer Unternehmen ausserhalb der deutschen Lohn- und Sozialgesetzgebung. Insgesamt waren das Ende 2015 1,8 Mio. Menschen, davon 680.000 aus Bulgarien und Rumänien. Dabei betragen immer noch die Stundenlöhne z.B. in Bulgarien nur 13 %, Rumänien 17 %, Polen 26 % und Tschechien 31 % derer in Deutschland (Abb. 19630).

Migrantenanteil

1973 hatten wir knapp 4 Mio. Ausländer in Deutschland, heute sind es weit über 9 Mio., soweit die Registrierung der letzten Welle an Flüchtlingen überhaupt hinterher gekommen ist (Abb. 19622). Dazu kommen noch einmal seit 1981 4,7 Mio. Einbürgerungen von Ausländern, von denen die meisten noch in Deutschland leben dürften. Nicht mitgezählt sind dabei Kinder von eingebürgerten Ausländern und deren Kinder, soweit sie durch Geburt in Deutschland automatisch Deutsche geworden sind.

Relativ wenig oder gar nicht integriert sind bisher sehr viele der aus Asien, Afrika und dem früheren Jugoslawien Zugewanderten. Rechnet man die Asylsuchenden aus 2015 und 2016 zu den 2014 in Deutschland lebenden Ausländern aus diesen Regionen hinzu, so lebten Ende 2016 etwas mehr als 3,6 Mio. Menschen mit diesem Hintergrund als Ausländer in Deutschland (Abb. 19598).

Nach der letzten Befragung durch das Statistische Bundesamt lebten Ende 2014 bereits 17 Mio. Menschen mit Migrationshintergrund der ersten und zweiten Generation in Deutschland. Zusammen mit den Zuwanderern von 2015 und

2016 sind das 18,2 Mio. Menschen oder 10 Menschen mit Migrationshintergrund auf je 35 Menschen ohne Migrationshintergrund. Da viele der seit 1960 Zugewanderten inzwischen in der dritten Generation Enkelkinder haben, ist der Migrantenanteil noch erheblich grösser.

Menschen mit Migrationshintergrund leben ganz überwiegend in den Großstädten. Daher erreichen sie dort noch weit höhere Anteile an der Bevölkerung. Nach den leider bisher letzten statistischen Daten von 2013 war bis dahin der Anteil der Bevölkerung mit Migrationshintergrund in 13 deutschen Großstädten auf 24 % für Essen bis 45 % für Frankfurt a.M. gestiegen. Das mag noch niedrig aussehen, doch bei den nachwachsenden Generationen baut sich ein ganz anderer Zuwachs auf (Abb. 19075). Schon im Jahr 2008 (wieder die letzten verfügbaren Daten) betrug der Anteil der unter drei Jahre Alten, die heute also bis zu 12 Jahre alt sind, unter sieben Großstädten zwischen 44 % für Berlin und 72 % für Frankfurt a.M. . In vier der Großstädte waren sie bereits unter Gleichaltrigen in der Mehrheit (Abb. 18099). Bis heute dürften diese Anteile weiter gewachsen sein.

Keine Einwanderungspolitik

Es gab also seit Gründung der Bundesrepublik immer wieder Wellen massiver Zu- oder Einwanderung, ohne dass - anders als in traditionellen Einwanderungsländern - jemals eine einheitliche Einwanderungspolitik beschlossen wurde. Deutschland betrachtete sich einfach nicht als Einwanderungsland, wie z.B. die USA, Kanada, Australien oder Grossbritannien. Nur der Widerstand der Bevölkerung hatte jeweils zum Stopp der Gastarbeiteranwerbung, zur Begrenzung der Spätaussiedler aus der früheren Sowjetunion und dann zur Anerkennung der Balkanländer als sichere Herkunftsländer ohne Asylrecht für von dort Einreisende geführt. Ohne diesen Widerstand wäre es zu noch viel mehr Einwanderung gekommen. Doch in der Migrationskrise von 2015/16 baute sich der Widerstand erst auf, nachdem bereits 1,2 Millionen Menschen die deutschen Grenzen Dank der Politik der Regierenden überschreiten durften und dabei meist nicht einmal registriert wurden.

2. Wir schafften das nicht: Die misslungene Integration der Zuwanderung aus der Türkei

Ausgerechnet bei der Einwanderung aus der Türkei, die vor mehr als einem halben Jahrhundert mit den Gastarbeitern begann, ist die Integration in die deutsche Gesellschaft gründlich misslungen. Die Türken stellen in Deutschland die bei weitem grösste Gruppe unter den Menschen mit Migrationshintergrund, die nicht aus dem deutschen Kulturraum zugewandert sind. Umso wichtiger ist es, die Gründe für den Misserfolg zu verstehen und die notwendigen Schlüsse für die neueste, längst nicht beendete und überwiegend muslimische Zuwanderung aus Asien und Afrika zu ziehen.

Die Einwanderung der türkischen Gastarbeiter in den 60er und 70er Jahren fand verglichen mit den heutigen Flüchtlingen unter auf deutscher Seite eigentlich wesentlich besseren Bedingungen statt. Die Gastarbeiter waren über 12 Jahre verteilt im Rahmen einer Regierungsvereinbarung angeworben und für den deutschen Arbeitsmarkt ausgewählt worden. Sie fanden also in der Regel sofort Arbeitsplätze und konnten ihre Familien nachholen, bzw. Ehepartner aus der Türkei einreisen lassen. Die deutsche Wirtschaftslage war lange Jahre lang sehr günstig und wenig von Krisen getrübt. Die wuchernden Niedriglohn- und Leiharbeitssektoren von heute gab es nicht, auch wenn die Gastarbeiter nicht selten als Lohnbrecher eingesetzt wurden. Die Arbeitslosenquote betrug in den 70er Jahren nur 2,5 %, ein Bruchteil der heutigen. Die Armutsquote lag noch bei unter 7 % gegenüber fast 17 % heute (gemessen nach Sozialleistungen, Abb. 19135).

Ausserdem gelten bis heute die in den Anwerbeabkommen geregelten sozial- und aufenthaltsrechtlichen Vergünstigungen für Arbeitnehmer aus den Anwerbestaaten und ihre Familienangehörigen fort. Im Jahr 2000 wurde - anders als in vielen europäischen Ländern - von dem damaligen Bundeskanzler Schröder das sogenannte „ius soli" eingeführt, das seitdem (neben der Abstammung von Deutschen) den Kindern von Immigranten die Staatsbürgerschaft automatisch vermittelt, wenn die Eltern mindestens acht Jahre lang in Deutschland gelebt haben. Das war vor allem ein Geschenk an die Türken in Deutschland. Damit werden deren in Deutschland geborene Kinder seit nun 17 Jahren in der Regel automatisch Deutsche. Ausserdem setzte 2014 die SPD gegen die CDU die Möglichkeit doppelter Staatsbürgerschaft für Nicht-EU-Bürger, vor allem wiederum Türken, durch. Man hatte geglaubt, mit solcher Grosszügigkeit die Integration befördern zu können.

Besonders deutlich kann man die mangelnde Integration in der Einstellung zu Deutschland, im Bildungsbereich, in der Überbewertung der sunnitischen Religionsregeln, und vor allem in den sozialen Daten erkennen. Augenöffnend wirkt auch ein Vergleich mit den Immigranten aus den Ländern des früheren Jugoslawiens, den Sie in der Anlage 1 finden.

In Deutschland nicht zu Hause

Das Scheitern der Integration des grössten Teils dieser heute fast drei Millionen Menschen zeigt sich an vielen Symptomen. Zuletzt ist den Deutschen bei den Wahlen zu Erdogans Verfassungsreferendum bewusst geworden, dass hier ein türkischer Staat im deutschen Staate existiert. Türkische Fahnen schwingend zogen diese Deutsch-Türken zu den Veranstaltungen mit türkischen Regierungsvertretern und wählten dann in eigens für sie eingerichteten Wahllokalen die Demokratie in der Türkei ab, als würde auch die deutsche ihnen wenig bedeuten.

Trotz Verleihung der deutschen Staatsangehörigkeit und nun schon überwiegend in der zweiten Generation in Deutschland lebend betrachten nach Umfragen nur 15 % von ihnen Deutschland als ihre alleinige Heimat, während es für 39 % die Türkei ist (Abb. 17342). Die zweite Generation ist in der

Regel noch weniger integrationsbereit als die erste. So nimmt unter Deutsch-Türken die Neigung, Deutschland als Heimat zu betrachten, über die Zeit noch ab. Nach einer Umfrage der Universität Münster aus 2016 meinen 72 % der älteren Generation von Menschen mit türkischem Hintergrund, dass sich Muslime an die deutsche Kultur anpassen sollten, aber nur noch 52 % der jüngeren. Entsprechend denken 86 % der zweiten und dritten Generation, man solle selbstbewusst zur eigenen Herkunft stehen, während es in der ersten Generation nur 67 % sind. Die Probleme mit der Integrationsbereitschaft sind also gestiegen, statt abgebaut zu werden.

Das Bildungsproblem aus der Herkunft

Deutschland ist eine der höchstentwickelten Leistungsgesellschaften der Welt, bei der der Schulerfolg über den Zugang zum Arbeitsmarkt und die berufliche und soziale Entwicklung entscheidet und immer mehr niedrigqualifizierte Arbeitsplätze wegrationalisiert oder durch Importe ersetzt werden. Das erschwert die Integration von Menschen mit niedrigem Bildungsniveau und in der Regel noch deren Kinder enorm.

Schon die Bildungsvoraussetzungen der einwandernden türkischen Familien stimmten nicht und übertrugen sich in grossem Umfang auf ihre Nachkommen in Deutschland. Sie kamen als Gastarbeiter ursprünglich aus dem selbst für die Türkei bei der Bildung besonders rückständigen Landesteil Anatolien im Osten des Landes, mehr als doppelt so gross als Deutschland, wo sie eine abgeschlossene türkisch-traditionelle Sozialisation erfahren hatten.

Die Bildungssituation in der Türkei wurde in einem 2010 erschienenen Buch der bei der Weltbank angesiedelten „Commission on Growth and Development" untersucht. Das grösste Bildungsproblem für die Türkei wird auch heute noch bei der erheblichen Diskriminierung der Mädchen im Osten der Türkei gesehen. Mädchen sind als Mütter später für den familiären Bildungshintergrund aller Kinder, ob Jungen oder Mädchen, entscheidend. Während bei Jungen der Unterschied im Schulbesuch zwischen der West- und der Osttürkei relativ gering ist, zeigen sich bei den Mädchen erhebliche Unterschiede. Nur 40 % kommen schon mit 6 Jahren auf die Schule, und mit 12 Jahren geht der Schulbesuch bereits erheblich zurück. Der höchste Schulbesuch wird mit 85 % aller Mädchen im Alter von 9 Jahren erreicht und fällt schon mit 15 Jahren unter 40 % (Abb. 15698).

Besonders stark ist die Diskriminierung in den ländlichen Bereichen der Ost-Türkei, wo die meisten Gastarbeiter herkamen. 20 % der Mädchen kommen dort - so die Komission in 2010 - nie auf die Grundschule. Im Alter von 15 Jahren sind nur noch 20 % auf der Schule. Wenn die Mütter ohne Schulbildung sind, gehen auch die Mädchen kürzer als die Jungen oder sogar überhaupt nicht zur Schule. In ähnlicher Weise wirkt sich die Zahl der Kinder im Haushalt auf den Schulbesuch aus. Hier sind die Mädchen aus kinderreichen Familien entscheidend im Nachteil.

Man kann sich leicht ausmalen, was diese miserable und diskriminierende Bildungssituation für die Türken und ihre Familien in Deutschland, die ihre Ehefrauen meist von dort geholt haben, wo sie selbst herstammten, bis heute bedeutet. Bei diesem Hintergrund war und ist auch der Bildungserfolg bei den in Deutschland lebenden Menschen türkischen Hintergrunds äusserst bescheiden. Bezogen auf alle Jahrgänge hatte 2014 fast ein Viertel der Männer und ein Drittel der Frauen keinen Schulabschluss. Schon das ist bildungsmässig eine Katastrophe.

Vorschulische Bildung in Deutschland

Jede gelungene Sozialisierung und Bildung beginnt mit der häuslichen Sprache und dem Kindergarten im Kontakt mit Gleichaltrigen aus dem einheimischen Sprachraum. Doch nur eine Minderheit der Türken gebraucht Deutsch im häuslichen Gespräch, und nur 14 % der Männer und knapp 10 % der Frauen haben überhaupt deutsche Bekannte, mit denen sie regelmässig deutsch sprechen könnten. Nur sehr wenige türkische Eltern geben ihre Kinder vor dem dritten Geburtstag zur Betreuung in fremde Hände, obwohl Kinder mit Migrationshintergrund, die erst spät oder gar nicht in die Kita gehen, häufig in ihrer Schullaufbahn weniger erfolgreich sind. So haben türkischstämmige Kinder, die mehr als drei Jahre im Kindergarten waren, nur zu 19 Prozent später einen entsprechenden Förderbedarf in der Schule, während es bei denjenigen, die nur ein Jahr dort waren, mehr als dreimal so viele sind. Türkischstämmige Bürger kennen aus ihrem Herkunftsland die Institution Kindergarten kaum. Dort besuchten 2012 lediglich 30 % der Kinder vor der Einschulung entsprechende Einrichtungen. Der Schwerpunkt in der Erziehung der Kleinkinder besteht dort darin, eine gute und enge Beziehung zwischen Eltern und Nachwuchs aufzubauen. Die Erziehung zur Eigenständigkeit und das frühe Lernen rangieren dahinter.

Schul- und Berufsbildung

Die Anteile derer, die es bis zum Abitur schaffen, sind weniger als halb so gross wie bei den einheimischen Deutschen (Abb. 19625, 19626). Berufsqualifizierende Abschlüsse sind viel seltener als bei anderen Immigrantengruppen (Abb. 18828). Es kann nicht überraschen, wenn in der Folge auch die Kinder mit türkischem Migrationshintergrund erheblich und sehr viel stärker als Einheimische unter Risikolagen leiden, die aus dem Elternhaus kommen, wie Nichterwerbstätigkeit, Bildungsarmut und finanzielle Armut (Abb. 19624).

So haben auch mehr als die Hälfte derer, die mit 30 bis 35 Jahren nicht mehr im Bildungsprozess sind, keinen beruflichen Bildungsabschluss, obwohl sie in Deutschland aufgewachsen sind (Abb. 17299). Wenn schon die Mütter so wenig gebildet sind, aber die Hauptverantwortung für die Erziehung der Kinder tragen, sind die Ergebnisse schon weitgehend vorprogrammiert. Die Folgen zeigen sich unvermeidbar am Arbeitsmarkt, in den Sozial- und Wohnverhältnissen, in Parallelgesellschaften in besonderen Vierteln der Großstädte. In einem Land, in dem wie in Deutschland der Zugang nur zu den einfachsten Berufen nicht von Bildungsabschlüssen abhängig ist, sind solche Konsequenzen fast automatisch.

Dabei tut sich Deutschland mit der Ausbildung türkischer Jugendlicher schwerer als andere Länder. So liegt nach der Erfassung durch die OECD der Anteil von Jugendlichen mit türkischem Hintergrund in der Altersgruppe 20 bis 29 Jahre und nicht oder nicht mehr in Ausbildung an allen entsprechenden Jugendlichen dieser Gruppe bei 50 % und damit weit höher als in anderen Ländern (Abb. 15277).

Überbewertung der sunnitischen Religionsregeln

Derzeit wird mit ca. 4 bis 5 Mio. Muslimen in Deutschland gerechnet. Der grösste Teil der Deutsch-Türken hängt strenggläubig einer wenig aufgeklärten sunnitisch-muslimischen Religion an. Dabei unterscheiden sich deutsche Sunniten in der Glaubenslehre je nach besuchter Moschee. Nach der Studie des Bundesinnenministeriums „Lebenswelten junger Muslime in Deutschland" vom Juli 2011 ist die Neigung, die Gebote der Religion über die Gesetze des Staates zu stellen, unter den deutschen Muslimen sehr ausgeprägt (Abb. 18573).

Für den Koran-Unterricht in deutschen Schulen kommen meist türkische Lehrer, die vom türkischen Staat bezahlt und kontrolliert werden, zum Einsatz. Auch das fördert die Integration in Deutschland nicht.

Zum Problem ist die Tätigkeit von Scharia-Richtern geworden. So soll sich in den vergangenen Jahren in zahlreichen muslimisch geprägten Einwanderervierteln grosser deutscher Städte eine islamische Paralleljustiz gebildet haben. „Friedensrichter" - oft sind es Imame - sollen dort als Vermittler zwischen Tätern und Opfern von Verbrechen oder familiären Streitigkeiten auftreten. Dabei verhandeln die selbst ernannten Richter an der deutschen Justiz und den Polizeibehörden vorbei und unterlaufen damit das Strafmonopol des deutschen Rechtsstaates. In Bremen, Nordrhein-Westfalen und vor allem in Berlin sind die Probleme mit islamischer Selbstjustiz inzwischen gravierend. In Bremen soll es beim Ausgleich nach Friedensrichter-Manier feste Sätze je nach Art der Verletzung geben. Eine Stichwunde soll den Täter etwa 10.000 Euro, eine schwerere Verletzung bis zu 40.000 Euro Schmerzensgeld kosten.

In seinem Bestseller „Neukölln ist überall" verweist der frühere Neuköllner Bezirksbürgermeister Buschkowsky auf die in Deutschland 2009 erfolgte Aufhebung des bis dahin bestehenden Verbots rein kirchlicher Ehen. Nach Ansicht der türkische Frauenrechtlerin und Rechtsanwältin Seyran Ates wurden damit der muslimischen Vielehe - vier Ehefrauen sind erlaubt - und der Zwangsverheiratung in Deutschland Tor und Tür geöffnet. Solche selbst in der Türkei nicht zulässigen Ehen führten dazu, dass die Frauen völlig rechtlos seien und keinerlei Unterhalts- oder Erbansprüche geltend machen könnten.

Wie schnell und devot sich unsere Gesellschaft vor den Geboten des Islam zurückzieht, zeigt auch ein anderes bemerkenswertes Beispiel. In der Jugendarrestanstalt in Berlin erhalten die Insassen grundsätzlich kein Essen mehr, das

Schweinefleisch enthält. Die Begründung für den Erlass: 70 % der dortigen Arrestanten haben einen Migrations-Hintergrund. Sie dürfen aus religiösen Gründen kein Schweinefleisch essen. Extrawürste lohnen sich nicht. Wer die meisten Straftäter stellt, diktiert auch den Speiseplan.

Selbst die Bundeskanzlerin hat sich inzwischen zu solchen Entwicklungen äussern müssen. In einem Gespräch mit der FAZ erklärte sie 2015: *„So genannte Ehrenmorde, Gewaltexzesse in Familien oder Versuche, hier mit der Scharia eine Paralleljustiz zu errichten, sind mit dem Rechtsstaat nicht vereinbar."* Und in ihrer Regierungserklärung vom Januar 2015 heisst es: *„Religionsfreiheit und Toleranz meinen nicht, dass im Zweifelsfall die Scharia über dem Grundgesetz steht."* Dass so etwas überhaupt gesagt werden muss, und zwar von höchster Regierungsstelle, zeigt, wie sehr strenge und oft archaische Religionsregeln die Integration der Türken in Deutschland behindern.

Sozialen Daten

Was bei der türkischen Immigranten besonders auffällt, sind ihre Diasporen, in denen sie konzentriert wohnen. Berlin und Köln haben beispielhaft seit vielen Jahren sehr grosse türkische Diasporen, in der sich türkische Immigranten zu Hause fühlen können, ohne sich integrieren zu müssen. Sie haben sich um kleine Knoten herum immer mehr erweitert. Auch die zweite Generation der Türken in Deutschland lebt noch sehr stark in eigenethnischen Wohnvierteln der deutschen Großstädte, etwas mehr als die Hälfte in Wohnvierteln, die mindestens zur Hälfte von anderen Menschen türkischen Hintergrunds bewohnt werden. Dagegen ist es entsprechend bei Menschen aus den Ländern des ehemaligen Jugoslawiens nur ein Anteil von 14 % mit Konzentration auf das eigenethnische Wohnviertel.

Am Arbeitsmarkt tun sich Menschen mit türkischem Hintergrund sehr schwer. Fast ein Viertel von ihnen ist entweder arbeitslos oder nur geringfügig beschäftigt, verglichen mit nur 12 % bei Menschen ohne Migrationshintergrund. Überhaupt gehen nur knapp 39 % (verglichen mit 51 %) einer Erwerbstätigkeit nach (Abb. 19427). Die Armutsquote liegt bei hohen 35 % (verglichen mit 13 %) und ist eine der höchsten aller Migrantengruppen in Deutschland (Abb. 18971).

Das gibt über die ganze Palette von Indikatoren ein Bild einer äusserst wenig integrierten Parallelgesellschaft, die auch keine Anstrengungen unternimmt, sich in die deutsche Gesellschaft zu integrieren, und die wenig hinterlassen würde, wenn sie in die Türkei heimkehrte. Sie handelt mehrheitlich entsprechend Erdogans Rede an seine Landsleute in Düsseldorf von 2011:

„Ihre Augen und Ihre Ohren waren immer auf die Türkei gerichtet. Die Tatsache, dass Sie seit 47 Jahren Ihre Sprache, Ihren Glauben, Ihre Werte, Ihre Kultur bewahrt haben, vor allem aber, dass Sie sich gegenseitig stets unterstützt haben, diese Tatsache liegt jenseits aller Anerkennung. Ich verstehe die Sensibilität, die sie gegenüber Assimilation zeigen, sehr gut. Niemand kann von Ihnen erwarten, Assimilation zu tolerieren. Niemand kann von Ihnen erwarten, dass Sie sich einer Assimilation unterwerfen. Denn Assimilation ist ein Verbrechen gegen die Menschlichkeit. Sie sollten sich dessen bewusst sein. Wir müssen jedoch auch Folgendes zur Kenntnis nehmen: Sie können sich im heutigen Deutschland, in Europa von heute, in der heutigen Welt, nicht mehr als „der Andere", als derjenige, der nur vorübergehend hier ist, betrachten, Sie dürfen sich nicht so betrachten. Selbstverständlich werden unsere Kinder Türkisch lernen. Das ist Ihre Muttersprache und es ist Ihr natürlichstes Recht, Ihre Muttersprache Ihren Kindern weiterzugeben. Jedoch würden Sie, wenn Sie die Sprache des Landes erlernen, in dem Sie leben, oder sogar noch einige Sprachen dazu, in jeder Hinsicht davon profitieren."

3. Die „Merkel-Flüchtlinge”

Die gigantische Flüchtlingswelle der Jahre 2015 und 2016 verbindet sich untrennbar mit dem Namen Merkel. Nicht nur hat sie im deutschen Bewusstsein durch ihre ziemlich einsame Entscheidung monatelang die deutschen Grenzen für die unkontrollierte Einreise von 1,2 Mio. Menschen offengehalten, die bei Weitem grösste Zuwanderungswelle seit den Heimatvertriebenen nach dem Zweiten Weltkrieg. Sie ist vor allem im Bewusstsein der migrationsbereiten Menschen in Asien und Afrika zur „Mama Merkel” geworden, zeitweise fast einer Heiligen, einer Mutter Theresa der Migranten, die aus Bürgerkriegen und meist aus schlechten Wirtschaftsverhältnissen entkommen wollten, um in Deutschland weit besser zu leben. Die Selfie-Bilder mit Merkel lächelnd fast Wange an Wange mit Migranten gingen um die Welt und ermutigten Menschenmassen, die bis dahin noch vorsichtig gewesen waren, zum Aufbruch nach Deutschland. Nirgendwo wollten sie auf dem langen Marsch bleiben und nur Deutschland war das Ziel. Ich nenne diese Menschen daher hier schlicht „Merkel-Flüchtlinge”.

Merkel wechselte mehrfach die Begründung für ihre Politik, was ihre Unsicherheit zeigt. Zunächst hat sie die Grenzöffnung mit einem „humanitären Imperativ” begründet, also moralisch. Dann hiess es, es gehe nicht anders, denn man könne heutzutage keine Grenze mehr sichern. Beide Argumente wurden von den skandinavischen und vielen anderen Ländern mit deren Grenzschliessungen widerlegt. Später sagte sie, wenn die arabischen Flüchtlinge irgendwann in ihre Heimat zurückkehrten, hätten sie westliche Werte in ihrem Gepäck. Dann, so Merkel, werde „Demokratie über unsere Grenzen hinaus Akzeptanz finden - dann gibt es vielleicht weniger Krieg”. Zusätzlich schob sie noch ein strategisches Argument nach: Die EU würde in der Flüchtlingskrise ohne gemeinsame Migrationspolitik zerbrechen, deswegen müsse Deutschland vorausgehen. In ihrer Pressekonferenz vom Juli 2016 sprach Merkel schliesslich von einer „historischen Bewährungsaufgabe in Zeiten der Globalisierung".

Robin Alexander hat unter dem Titel „Die Getriebenen - Merkel und die Flüchtlingspolitik" ein Buch über die ersten und entscheidenden 180 Tage der Flüchtlingskrise geschrieben. Es beginnt mit Worten, die nicht besser hätten gewählt werden können:

„Am 13. September 2015 wurde ein bereits fertiger Befehl, Asylbewerber an der deutschen Grenze abzuweisen, in letzter Minute geändert. Aus der Ausnahme einer Grenzöffnung für einige tausend Flüchtlinge wurde ein sechsmonatiger Ausnahmezustand. Am 9. März 2016 wurde der Andrang gestoppt – als Mazedonien die Balkanroute gegen den erklärten Willen der Bundeskanzlerin schloss."

Die Willkommenskultur

Im Bewusstsein von Mehrheiten von Deutschen ergab sich lange Monate lang eine eigenartige und das Ausland bereits beunruhigende Mischung von Willkommensgefühlen. Man fühlte sich glücklich, mit meist nur kleinen Gesten helfen zu können. Das Ausland vermutete auch eine Nachwirkung der schrecklichen deutschen Schuld aus dem Nationalsozialismus. Für viele ausländische Beobachter war es einfach wieder einmal einer der nicht untypischen irrationalen deutschen Gefühlsausbrüche.

In Deutschland übersah man gern, dass vieles an dieser Willkommenskultur von den Medien, den Wohlfahrtsverbänden und den Kirchen orchestriert wurde. Man vergass, an die enormen Belastungen zu denken, die auf das Land zukamen. Man vergass erst recht, dass schon die Integration der muslimischen Migranten aus der Türkei fast total gescheitert war, obwohl sie nun schon sehr lange in Deutschland leben und sehr oft hier geboren wurden und seit Jahren den Doppelpass tragen können. Man glaubte schon, besonders mit den Syrern die dringend gesuchten Spezialisten für den deutschen Arbeitsmarkt gefunden zu haben, obwohl die Merkel-Flüchtlinge sehr oft aus dem gleichen sunnitischen und oft ländlichen Hintergrund kamen wie einst die anatolischen Türken, deren Integration so offensichtlich gescheitert war. Man glaubte gar, das sich weit öffnende Loch in der deutschen Demographie mit den Flüchtlingen stopfen zu können. Man verdrängte auch, dass der IS frühzeitig angekündigt hatte, seine Terroristen über die Flüchtlingsrouten nach Europa und damit auch nach Deutschland einzuschleusen.

Erst langsam klang die emotionale Hochstimmung ab und wich sehr konträren Gefühlslagen, die das Land tief gespalten haben. Spätestens seit der Sylvesternacht von 2015 ist die Willkommenskultur Geschichte geworden, fühlen sich sehr viele Menschen verunsichert, sehen andere in den Immigranten Konkurrenten um Arbeitsplätze und Sozialleistungen, einschliesslich Kita- und Schulplätzen und im Gesundheitsdienst. Seitdem spaltet die Frage einer Begrenzung der Migration selbst die Regierungsparteien.

Wo die Flüchtlinge herkamen

Die wenigsten Migranten kamen aus unmittelbarer persönlicher Verfolgung im Sinne des Asylrechts des deutschen Grundgesetzes. Nur eine Minderheit kam direkt aus den Bürgerkriegen. Die meisten hatten schon lange in Flüchtlingslagern vor allem in der Türkei, im Libanon und in Jordanien gelebt. Dort waren sie immer schlechter von den UN-Organisationen versorgt worden, weil die reichen Ländern, auch Deutschland, die notwendigen Mittel verweigerten. Die Bundesregierung hatte, wie andere Regierungen, die Versorgungslage in den Lagern um Syrien herum total aus den Augen verloren. Dies geschah, obwohl die Weltflüchtlingsorganisation immer wieder den Mangel an Geldern und die dadurch zunehmende Unterversorgung beklagt hatte. Von der Kürzung der deutschen Beiträge zur humanitären Hilfe waren auch diese Lager betroffen. So beklagte Sudhoff, Büroleiter des Welternährungsprogramms der UN in Berlin, wegen der Kürzung erhielten fast 1,7 Mio. syrische Flüchtlinge, die das Welternährungsprogramm versorge, künftig zu wenig zu essen. Eigentlich benötigten sie mindestens 2100 Kalorien am Tag. Stattdessen könnte man ihnen nur noch 1400 Kalorien geben, höchstens. Unter dem Druck der humanitären Situation hat die Bundesregierung die Mittel im Haushalt für 2015 dann auf 400 Mio. Euro erhöht. Doch auch das war unzureichend und vor allem viel zu spät.

Fast alle Flüchtlinge kamen über sichere Zwischenländer auf den Flüchtlingsrouten nach Deutschland und hätten entsprechend der Dublin-Vereinbarung der EU in diesen Ländern Asyl beantragen müssen. Doch Deutschland hatte diese Vereinbarung einseitig und ohne Konsultation oder gar Zustimmung seiner Partner ausgesetzt.

Insgesamt wurden 2015 und 2016 fast 1,2 Mio. Erstanträge auf Asyl gestellt. Die meisten der Antragsteller kamen aus Syrien (36 %), Afghanistan (14 %), Irak (11 %), Albanien (6 %) und Kosovo (3 %) (Abb. 19629). Zusätzlich zu den Antragstellern dürften viele mehr eingereist sein, die sich keine Hoffnung auf Asyl machen konnten und entweder irgendwo in Deutschland untergekommen sind oder in andere Länder weiterwanderten. Noch immer kommen Flüchtlinge über die Türkei durch, einige jetzt legal im Rahmen des Türkeiabkommens der EU, das die Aufnahme von Flüchtlingen aus der Türkei im Tausch mit aus Griechenland in die Türkei ausgewiesenen illegalen Flüchtlingen vorsieht und in dessen Rahmen bisher mehr als ein Drittel nach Deutschland einreist.

Vor allem aber haben sich die Flüchtlingsströme auf Nordafrika und die gefährliche Mittelmeerpassage verlagert (zu Afrika siehe Kapitel 6). Ein Teil dieser Flüchtlinge wandert ziemlich unkontrolliert durch Italien und die Schweiz nach Deutschland durch. In 2017 erwartet Italien erneut über 180.000 Immigranten aus Libyen. Dabei kommt es dort neuerdings zu einem erheblichen Anstieg der Immigranten aus Bangladesch, dem im 1. Quartal 2017 vor Nigeria wichtigsten Herkunftsland auf dieser Route.

Im Monatsdurchschnitt der ersten fünf Monate 2017 wurden trotz der anfangst ungünstigen Jahreszeit in Deutschland weitere Erstanträge auf Asyl gestellt, die einer Jahreszahl von über 100.000 entsprechen.

Asyl-Entscheidungen

2016 entschied das Bundesamt über fast 700.000 Asylanträge. Ganze 0,3 % davon wurden als Asylberechtigte im Sinne des Grundgesetzes anerkannt, und 36,5 % der Flüchtlinge erhielten eine Anerkennung nach der Genfer Flüchtlingskonvention (Abb. 19563). Weitere 22,1 % haben einen jährlich zu überprüfenden „subsidiären Schutz" nach Artikel 15 der EU-Richtlinie 2011/95, die allerdings von Grossbritannien, Irland und Dänemark nicht akzeptiert wurde. Man sieht daran, dass es nur bei einem kleineren Teil der Flüchtlinge um echte Asylfälle handelte.

Namhafte Verfassungsrechtler hielten die Grenzöffnung überhaupt für verfassungsrechtlich bedenklich oder sogar verfassungswidrig (siehe dazu Anlage).

Abschiebung

Rund 262.000 Immigranten, bei denen der Asylantrag schon 2016 inhaltlich abgelehnt oder formell negativ entschieden wurde, müssten rasch abgeschoben werden, soweit nicht ein relativ kleiner Teil der Betreffenden ernsthaft erkrankt und daher transportunfähig ist. Unterstellt man bei den 2016 noch nicht entschiedenen Anträgen einen entsprechenden

Ablehnungsanteil, so wären das weitere 272.000 Abzuschiebende und ergibt sich mit denen aus den Entscheidungen von 2016 eine Zahl von über einen halben Million als derzeitige Zielgrösse für die Abschiebung. Auch die Kommunen rechnen damit, dass die Zahl der Abzuschiebenden bis Jahresende 2017 450.000 erreichen könnte, weil immer mehr Asylanträge entschieden werden, die Menschen aber nicht schnell abgeschoben würden.

Tatsächlich ist die Entwicklung der Abschiebungen immer noch kümmerlich und disqualifiziert jede Politik grenzenloser und unbegrenzter Zuwanderung. 2015 waren es erst rund 20.000, 2016 nur 25.000 Menschen; hinzu kamen noch 54.000 finanziell geförderte freiwillige Ausreisen (Abb. 19562). Diese Zahlen halten nicht entfernt mit der Zahl der abgelehnten Anträge mit. Auf der Basis der Abschiebungen und freiwilligen Ausreisen von 2016 bräuchte es allein für die Abschiebung der bis Ende 2017 erwarteten ausreisepflichtigen Ausländern fast 6 Jahre.

Die Nichtabschiebung der ausreisepflichtigen Ausländer erzeugt erhebliche Kosten für Sozialleistungen und Unterkünfte - Geld, das woanders fehlt. „Dies würde mindestens drei Milliarden Euro kosten", sagte der Hauptgeschäftsführer des Städte- und Gemeindebundes, Gerd Landsberg, der Rheinischen Post unter Bezug auf die genannte Zahl von 450.000.

Familienzusammenführung

Die Familienzusammenführung ist nicht das Ende der Flüchtlingskrise, sondern nur das von ihnen erhoffte gute Ende für sehr viele der schon angekommenen Flüchtlinge: Sie holen ihre Familien nach, die in ihren Herkunftsländern ziemlich zahlreich sind. Für Deutschland wird es eher zum dicken Ende werden. Meist sind es Kinder, die man nicht den Gefahren der Flucht aussetzen wollte, aber sehr oft auch Eltern von schon in Deutschland angekommenen Flüchtlingen. Die Aufenthaltserlaubnis kann den Familienangehörigen eigentlich versagt werden, wenn die Flüchtlinge für den Unterhalt von ihren Familienangehörigen oder Haushaltsangehörigen Sozialhilfe in Anspruch nehmen müssen. Das gilt allerdings nicht für Asylberechtigte, Konventionsflüchtlinge und Inhaber einer Niederlassungserlaubnis aus humanitären Gründen, also beispielsweise die meisten Syrer. Ausserdem lässt das Gesetz für alle anderen Flüchtlinge einen Familiennachzug von Eltern oder Grosseltern zur Vermeidung einer aussergewöhnlichen Härte und bei Sicherung des Lebensunterhalts durch die hier lebenden Kinder zu. Eine aussergewöhnliche Härte wird häufig durch die Behörden bei Pflegebedürftigkeit angenommen.

Fast 37 % der sich bei den deutschen Behörden meldenden Flüchtlinge erhielten 2016 den vollen Flüchtlingsstatus nach der der Genfer Flüchtlingskonvention mit dem Recht des sofortigen Familiennachzugs. Bei weiteren 22 % der Flüchtlinge mit dem sogenannten „subsidiären Schutz" nach dem Aufenthaltsgesetz, hat die Bundesregierung beschlossen, den Familiennachzug für zwei Jahre bis März 2018 auszusetzen. Insgesamt muss also bei den meisten der 1,2 Mio. Flüchtlinge allein aus 2015 und 2016 mit Familiennachzug gerechnet werden.

Niemand weiss allerdings, wie viele der Flüchtlinge am Ende Familienmitglieder nachholen wollen und wie viele es pro Flüchtling sein werden. Das hängt nicht zuletzt von den Erfahrungen in Deutschland ab, vor allem den finanziellen und sonstigen Hilfen, und auch davon, ob die meist männlichen und noch unverheirateten Flüchtlinge Ehefrauen in ihren Heimatländern suchen und nach Deutschland holen wollen. Je mehr Flüchtlinge jetzt aus Turnhallen und anderen Massenunterkünften in angemessene Unterkünfte umgesiedelt werden, umso eher werden sie ihre Familien in dann bessere und für Familien geeignete Unterkünfte nachholen wollen. Die meisten Familien der Flüchtlinge leben in sicheren Lagern in der Türkei oder im Libanon (aus denen auch die meisten

Flüchtlinge gekommen sind) und können auf geeignete Unterkünfte in Deutschland warten. Die Tendenz zum Familiennachzug wird also schon deshalb steigend sein und erst in einigen Jahren ein volles Bild erlauben.

Bisher hat die Bundesregierung bei den Syrern eine Schätzung von knapp 268.000 mit Anspruch auf Familiennachzug verbreitet. Dann weiss man immer noch nicht, wie viele Menschen nach Deutschland kommen werden. Auch enthält die neue Abschätzung nicht die grosse Zahl der Flüchtlinge aus Syrien und anderen Ländern, die bei subsidiärem Schutz in 2018 mit dem Familiennachzug beginnen können, wenn es nicht noch zu einer weiteren Verschiebung kommt.

Man darf nicht vergessen: Mit dem Nachzug der Flüchtlingsfamilien werden für Deutschland erhebliche zusätzliche Soziallasten verbunden sein, zumal Kinder der Flüchtlinge lange nicht und Eltern der Flüchtlinge sehr oft nicht mehr berufstätig sein werden, aber Kitas, Schulplätze, sowie Gesundheits- und Pflegeleistungen zusätzlich zu den normalen Fürsorgeleistungen in Anspruch nehmen werden. Ausserdem werden die nachziehenden Angehörigen meist ohne Sprachkenntnisse und mit wenig schulischer oder beruflicher Ausbildung (vor allem bei muslimischen Frauen) in Deutschland eintreffen. Kamen bisher vor allem die Flüchtlinge aus Syrien und anderen Ländern, die sich die hohen Abgaben an die Schlepper leisten konnten, so wird beim Familiennachzug der normale Reiseweg möglich sein und werden dann auch Menschen mit weniger Kapital nach Deutschland kommen können. Das dürften oft Bevölkerungskreise mit noch weniger Ausbildung sein.

4. Die bisherige Integration der „Merkel-Flüchtlinge”

Noch ist es zu früh, um ein endgültiges Urteil zu den Integrationschancen der neuesten Immigrationswelle zu fällen. Doch gibt es schon einige Anzeichen, die auf die Schwierigkeiten hinweisen, die schon bei der Integration der Türken bestanden und noch bestehen. Immerhin ist für sehr viele der neuen Flüchtlinge der kulturelle und bildungsmässige Hintergrund nicht unähnlich.

Ein erhebliches Problem bei der Integration ist schon der psychische Zustand vieler Flüchtlinge. Etwa 70 % der bei uns angekommenen erwachsenen Flüchtlinge und 41 % der Kinder und Jugendlichen sollen Zeugen von Gewalt gewesen sein. Nach Ansicht des Präsidenten der Bundestherapeutenkammer Munz ist mindestens die Hälfte der Flüchtlinge psychisch krank. Konservativ geschätzt sollen etwa 20 % unter einer behandlungsbedürftigen posttraumatischen Belastungsstörung leiden; doch es gibt viel zu wenige Therapieplätze.

Die ersten Flüchtlinge waren kaum über die Grenze gekommen, da brach bei deutschen Bossen bereits der Willkommensjubel aus. Mercedes-Boss Zetsche erklärte, mehr als 800.000 Menschen in Deutschland aufzunehmen, sei eine Herkulesaufgabe. Aber im besten Fall könne es auch eine Grundlage für das nächste deutsche Wirtschaftswunder werden - so wie die Millionen von Gastarbeitern in den 50er und 60er Jahren ganz wesentlich zum Aufschwung der Bundesrepublik beigetragen hätten. Natürlich sei nicht jeder Flüchtling ein brillanter Ingenieur, Mechaniker oder Unternehmer. Aber wer sein komplettes Leben zurücklasse, sei hoch motiviert. Genau solche Menschen suchten sie bei Mercedes und überall in unserem Land. Deshalb müssten Flüchtlinge in Deutschland willkommen geheissen werden. Wer an die Zukunft denke, werde sie nicht abweisen.

Zetsche hatte offensichtlich den miserablen Stand der beruflichen Bildung unter den Flüchtlingen absichtsvoll verdrängt, genauso wie die schlechten Erfahrungen mit der Integration der türkischen Gastarbeiter. Die Wirtschaftsverbände waren schon immer für den Import lohndrückender Arbeitskräfte aus dem Ausland. Bei dem Millionen-Gastarbeiterimport aus dem streng muslimischen Anatolien haben die Unternehmen mit den billigen Arbeitskräften Kasse gemacht, während die sozialen Lasten der gescheiterten Integration an den Normalbürgern hängen bleiben. Und so verlangten die Unternehmensvertreter aus vermutlich ähnlichen Motiven auch jetzt, die Grenzen für immer mehr Flüchtlinge/Migranten offen zu halten.

Der Direktor des Instituts der deutschen Wirtschaft, Michael Hüther, sah sofort in der grossen Anzahl an Flüchtlingen eine Chance für den Arbeitsmarkt: Arbeitsmigranten könnten den Fachkräftemangel abfedern. Geradezu dramatisch meldete sich der Hauptgeschäftsführer der Industrie- und Handelskammern, Martin Wansleben zu Wort:

„Wenn die Grenzen zu sind, fangen die Schlangen wieder an. Die Älteren von uns erinnern sich noch, wie es war, wenn man in die Nachbarstaaten fuhr. Da gab es nicht nur bei Urlaubsreisen lange Schlangen. Da standen die Lkw in langen Schlangen."

Die Merkel-nahe und damals noch migrations-unkritische „WELT" begeisterte sich schon im August 2015 und damit noch vor der Grenzöffnung:

„Hunderttausende Flüchtlinge kommen nach Deutschland. Die Politik diskutiert, ob und in welchem Ausmass diese Menschen dem deutschen Arbeitsmarkt helfen können, der in den kommenden Jahren unter der Alterung der deutschen Bevölkerung leiden dürfte. Forschungsinstitute fordern den massenhaften Zuzug von Fachkräften aus dem Ausland, um den Mangel an deutschen Arbeitnehmern zu kompensieren. Manche Beobachter und Politiker sehen in der grossen Zahl

an Flüchtlingen, die jetzt nach Deutschland kommt, daher auch eine grosse Chance für das Land."

Bildungsstand bei Ankunft

Es gibt immer noch keine verlässliche Erfassung des Bildungsstands, den die Migranten der letzten Welle mitbringen. Da viele von ihnen erhebliche Mittel für die gefährliche Reise einsetzen mussten, kann man vermuten, dass sie überwiegend nicht aus der niedrigsten Bildungsschicht gekommen sind. Doch das rechtfertigt nicht die Hype, mit der besonders die Syrer in Deutschlands Medien begrüsst wurden.

Der lange Artikel in der „WELT" trug die Überschrift „Jeder sechste Flüchtling ging auf die Uni" und begeisterte sich über das angeblich besonders hohe Bildungsniveau der syrischen Flüchtlinge, das sich aus einer Anfrage der Zeitung beim Bundesamt für Migration und Flüchtlinge (BAMF) ergeben hätte und sich auf zwischen Anfang 2013 und September 2014 durch Umfrage gewonnene Daten bezog:

„Wer aus diesem Land kommt, hat meist eine gute Ausbildung. Deren Bildungsniveau unterscheidet sich vom Schnitt der Asylbewerber. Im Gegensatz zu anderen Herkunftsländern erklärten rund 78 %, aus durchschnittlichen oder sogar sehr guten wirtschaftlichen Verhältnissen zu stammen. Rund 21 % gaben an, eine Fachhochschule beziehungsweise Universität besucht zu haben, rund 22 % ein Gymnasium und rund 47 % eine Grund- oder Mittelschule. Nur wenige hätten gar keine Schule besucht."

Unter allen Asylsuchenden in 2014 hatten angeblich 15 % eine Hochschule besucht. 16 % sollen auf einem Gymnasium gewesen sein und 35 % gaben an, eine Mittelschulbildung zu haben. Doch das waren alles nur Angaben aufgrund freiwilliger Umfrage, in denen die Asylanten allen Anlass hatten, sich für ein Asyl interessant zu machen. Solche Umfrageergebnisse, wie sie aus dem Mikrozensus von

2014 kamen, wurden mit Hilfe eines Dolmetschers eingeholt und waren nach eigener Beurteilung des BAMF unter dem Vorbehalt eingeschränkter Aussagekraft zu sehen. Übernommen haben die Medien diese irreführenden Angaben trotzdem.

Das wundersam hohe Bildungsniveau besonders der Syrer konnte einfach nicht stimmen. Denn der Anteil der Syrer, die als höchstbesuchte Bildungseinrichtung das Gymnasium besucht haben wollten (Hochschule schliesst dabei Gymnasium ein), lag mit enormen 54 % noch erheblich über dem deutschen Anteil von 30 %, der nach Besuch des Gymnasiums eine Hochschulreife vorzuweisen hat. Auch die Anteile für Iraker und Afghanen am Besuch von Gymnasien (oder Hochschulen nach Gymnasien) sind mit 29 % bzw. 23 % unglaubwürdig hoch, zumal dort viele der Asylantragsteller über gar keine formelle Schulbildung verfügen (zu den Umfrageergebnissen siehe Abb. 19264).

Tatsächlich sind die einzigen bisher systematisch erfassten Daten zur Bildung der Syrer Umfragedaten der türkischen Behörde für Katastrophen- und Notfallmanagement (AFAD) unter 12.000 Syrern ab 6 Jahren in der Türkei, die dort 2013 in den Lagern und ausserhalb lebten. Sie zeigen fast 58 % ohne Schul- oder nur mit Hauptschulabschluss oder gar als Analphabeten (Abb. 19017). Allerdings ist unbekannt, wie in dieser Statistik mit den Kindern ab 6 Jahren verfahren wurde, die ja noch Ausbildungsmöglichkeiten vor sich hatten.

In einem Bericht für die OECD vom Mai 2013 (Universal Basic Skills, What Countries Stand to Gain) fanden Hanushek und Wössmann aufgrund standardisierter Schülertests, dass ca. 65% der syrischen Schulabgänger nicht über Basiskenntnisse in Mathematik, Textverständnis und Logik verfügen. Damit gehört Syrien zu jenen der 70 untersuchten Länder, die ein vergleichbar schlechtes Schulsystem haben. In Deutschland beträgt der Anteil nur 15 %.

Wie man uns da vorführen wollte, dass Syrer noch weit besser gebildet seien als Deutsche und selbst Iraker und Afghanen nicht wesentlich weniger gebildet, bleibt ein Geheimnis. Was sollte so grobe Verdummung in einer so wichtigen Frage? Angesichts der sehr begrenzten Aussagekraft hätte man die Daten besser zur Seite legen sollen, zumal die Schulsysteme in den Herkunftsländern ohnehin nicht mit den deutschen vergleichbar sind. Doch die Bundesregierung hatte mit dieser irreführenden und von den Medien aufgegriffenen Nachricht des BAMF genau erreicht, was sie wollte. So meldete auch die ARD Tagesschau vom 20. Mai 2015 unter Berufung auf das BAMF, ungefähr 27 % der Syrer gäben an, eine Hochschule besucht zu haben, und die Tagesschau vom 21. Mai wiederholte, syrische Flüchtlinge in Deutschland zeichneten sich durch hohe Bildung aus. Die Verdummung war damit komplett.

Nun liegen Bildungsdaten zu den arbeitslosen Flüchtlingen aus dem „Migrationsmonitor Arbeitsmarkt" der Bundesagentur für Arbeit vom Mai 2017 vor. Danach hatten 36 % gar keinen Schulabschluss und weitere 10 % nur einen Hauptschulabschluss; weitere 26 % machten keine Angaben zum Schulabschluss, was wohl ebenfalls ein eher niedriges Bildungsniveau anzeigt. Und die, die keine Arbeit suchten, wurden hier gar nicht erst erfasst. Offensichtlich hat man sich in Deutschland vom teilweise hohen Bildungsniveau der schon seit 2013 in grösserer Zahl aus Syrien ankommenden Flüchtlinge täuschen lassen. Dazu die Ausländerbeauftragte der Bundesregierung Aydan Özoðuz im Interview mit der Financial Times vom Juni 2017:

„Es gab eine Veränderung in der Wahrnehmung. Viele der ersten in Deutschland ankommenden syrischen Flüchtlinge waren Ärzte und Ingenieure. Doch ihnen folgten viele mehr, die keine Ausbildung hatten."

Haben dann unsere Medien lügenhaft an einem Trugbild festgehalten? Es wäre nur eine der vielen Lügen zur Immigration.

Weiterbildung in Deutschland

Der Weg zur Integration und besonders in den Arbeitsmarkt führt über das Meistern der relativ schwierigen deutschen Sprache. Hier ist die erste Hürde aufgebaut, denn es gibt viel zu wenig ausgebildete Sprachlehrer, und die vorhandenen werden viel zu schlecht bezahlt. Mit netto 1200 Euro pro Monat soll man schon zu den Top-Verdienern gehören. So kommen in grossem Umfang Ehrenamtliche mit einem improvisierten Deutschunterricht zum Einsatz.

Viel öffentliches Geld aus dem dafür bereitgestellten Topf von 130 Mio. Euro geht verloren, weil beispielsweise nur stichprobenartig geprüft wird, ob Teilnehmer Kurse vorzeitig abbrechen oder ob die Anbieter auch eine ausreichende Qualifikation für Deutschunterricht haben. Dabei bezahlt die Bundeagentur den Anbietern die gebuchten Kurse voll, auch wenn Teilnehmer vorzeitig abbrechen. Der Direktor der Bundesagentur für Arbeit verwies auf eine Abbruchrate von 10 % allein bei Syrern, weil männliche Flüchtlinge ablehnen, von Frauen unterrichtet zu werden.

Nach der Geschäftsstatistik zum Integrationskurs für das dritte Quartal 2016 erreichten zwei Drittel der Teilnehmer im Deutsch-Test für Zuwanderer ein Kompetenzniveau, das eine selbständige Sprachverwendung erlaubt. Beim Rest reichte es nur für eine elementare Sprachverwendung auf dem einfachsten Niveau. Leider gibt es keine Statistik über den Anteil der Flüchtlinge, die solche Sprachkurse besuchen, und solche Tests finden überhaupt nur bei akkreditierten Integrationskursträgern, nicht aber bei den ehrenamtlichen Hilfen statt.

Im Mai 2017 waren nur 6.500 Flüchtlinge auf Berufsausbildungsstellen, während sich über 12.000 erfolglos beworben hatten. Letztere hatten keinen Schulabschluß oder nur einen auf der Stufe der Hauptschule.

Arbeitsmarkt

„Jeder zweite Flüchtling hat nach fünf Jahren einen Job" hiess es in der Überschrift des SPIEGELs über eine Untersuchung des Instituts für Arbeitsmarkt und Berufsforschung (IAB) vom April 2017. Tatsächlich hatte sich diese Aussage in der Untersuchung auf eine Beobachtung von Flüchtlingen aus weit früheren Jahren bezogen, die damals nach 5 Jahren zu 50 % in Beschäftigung waren.

Allerdings kamen in jener Zeit nicht Millionen nach Deutschland, und bezweifelte die IAB nun selbst, dass diese Ergebnisse auf die 1,2 Mio. der Jahre 2015 und 2016 übertragbar seien. Von denen seien nämlich bisher lediglich 9 % in sozialversicherungspflichtiger Beschäftigung. Der Umfang des Zuzugs an Geflüchteten, so die IAB, sei jetzt erheblich grösser als in der Vergangenheit, so dass der Wettbewerb in den entsprechenden Arbeitsmarktsegmenten steige und auch nur teilweise durch die momentan günstige Konjunktur aufgefangen werden könne. Ausserdem nehme die Arbeitsmarktintegration von Geflüchteten mehr Zeit in Anspruch als die Integration von anderen Migranten in der Vergangenheit. Das sei angesichts der Vielzahl institutioneller Hürden und der ungünstigeren Voraussetzungen der Geflüchteten für die Integration nicht überraschend. Auch meint die IAB, ein unbekannter Teil der für 2015 und 2016 von ihr als beschäftigt angenommenen Flüchtlinge, könnte tatsächlich schon in früheren Jahren eingewandert sein. So schreibt die IAB vorsichtig: *„ .. könne heute noch nicht abschliessend beurteilt werden, ob die Entwicklung auch künftig ähnlich wie in der Vergangenheit verlaufen wird."*

Um wenigstens eine für die Flüchtlinge der letzten Welle spezifische Schätzung zu ermöglichen, greift die IAB dann auf eine Umfrage unter Flüchtlingen der Jahre 2013 bis 2016 zurück. Von dem ältesten Jahrgang 2013 waren Ende 2016 allerdings erst 20,8 % in einer Voll- oder Teilzeiterwerbstätigkeit

(Abb. 19621). Von da bis zu den in der Überschrift des SPIE-GEL für nach weiteren zwei Jahren vorgegaukelten 50 % ist ein weiter und nicht sehr wahrscheinlicher Weg. Das Messen an Vergangenheitserfahrungen ist auch deshalb zweifelhaft, weil die Flüchtlinge vor der letzten Welle weit stärker vom Balkan kamen und damit viel leichter zu integrieren waren als die muslimischen Neuankömmlinge aus Asien und Afrika.

Also war auch das nur wieder einmal eine der vielen wundersamen Geschichten, die uns über die Flüchtlinge von den Medien der absoluten Willkommenskultur aufgetischt wurden. Beschwindelt wurden wir da von vorn bis hinten. Die Willkommenskultur sollte in der Meinung ihrer Organisatoren nicht an den harten Fakten zerbrechen können.

Derzeit steigt der Zugang von Flüchtlingen/Immigranten aus den nichteuropäischen Asylherkunftsländern zu Hartz IV von Monat zu Monat (Abb. 19597), und bald wird sich deswegen offen Enttäuschung breitmachen. Die Zahl der Flüchtlinge, die von Hartz IV leben, ist bis Februar 2017 auf fast 777.000 gestiegen, ein Plus gegenüber dem Vorjahr von 124 % (Abb. 19631). Allein 500.00 davon sind Syrer. Im Kanzleramt schlugen Anfang Juni 2017 die Ministerpräsidenten Alarm: Die zunehmende Zahl arbeitsloser Flüchtlinge werde zur Herausforderung für die Arbeitsmarktpolitik. „Wir laufen in ein riesiges Problem hinein, vor allem in den Stadtstaaten", meinte auch Bremens Regierungschef Sieling nach der Beratung der Länderchefs mit Kanzlerin Merkel. Diese Entwicklung führt nun auch zu einer massiven Veränderung im Hartz-IV-System. Inzwischen ist mit 31 % fast jeder dritte Hartz-IV-Empfänger ausländischer Nationalität. 2011 lag der Ausländeranteil dagegen erst bei 19 %.

Im Februar/März 2017 lebten bereits 51 % von öffentlicher Hilfe bei einer Arbeitslosenquote von 51 % und einer Beschäftigungsquote von nur 17 %, womit sich die Arbeitsmarktindikatoren gegenüber Vorjahr weiter verschlechtert hatten (Abb. 19585). Von den wenigen Flüchtlingen der letzten Welle, die schon einen Arbeitsplatz gefunden haben, sind es nach einer OECD-Umfrage von 2017 bei zwei Dritteln nur solche im niedrig qualifizierten Bereich. Was man mit so hohen und wegen verzögert erfolgenden Asylentscheidungen weiter steigenden Zahlen an meist schwer oder schlecht Integrierbaren machen will, ist absolut ungewiss.

Die Ausländerbeauftrage der Bundesregierung Aydan Özoguz rechnete in einem Interview mit der Financial Times vom Juni 2017 bereits damit, dass auch in fünf Jahren noch bis zu drei Viertel der Flüchtlinge arbeitslos sein werden.

Wohnraum

Ein besonderes Integrationshindernis war und ist der Mangel an geeignetem Wohnraum. Menschen, die sehr lange in Massenunterkünften ausharren müssen, wo sie noch dazu oft unter verfeindeten Ethnien zusammengeworfen werden, haben bereits gelitten und tun sich mit der Integration entsprechend schwerer. Die Bundesregierung hatte die Tore weit geöffnet, ohne dass die geringste Vorbereitung auf den Massenansturm stattfinden konnte. Bald waren die vorhandenen Massenunterkünfte überfüllt und konnten die Flüchtlinge nur noch zusammengepfercht werden. In Berlin, wo die Verwaltung in der Flüchtlingskrise besonders überfordert war, konnte die letzte Turnhalle erst im März 2017, fast zwei Jahr später geräumt werden. In Turnhallen hatten sich auf engstem Raum die hölzernen Doppelstockbetten nebeneinander gereiht. Einige Bewohner hatten Bettbezüge als Sichtschutz vor ihr Bett gehängt. Kleiderschränke oder Kommoden gab es nicht. Das wenige Hab und Gut der Flüchtlinge lag auf dem Bett oder auf dem Boden. Die Flüchtlinge assen, schliefen und lebten alle in einem grossen Raum. Je länger die Flüchtlinge in der Halle lebten, desto frustrierter wurden sie. Die Gewalt in den Turnhallen nahm enorm zu, Drogen- und Alkoholmissbrauch auch. Die Menschen hatten bereits Dramatisches erlebt und kamen hier nicht zur Ruhe. Selbst im Mai 2017 lebten nach Pressemeldungen deutschlandweit immer noch rund 15.000 Migranten in Notunterkünften.

Lange versuchten die Medien, auch in dieser Hinsicht zu beruhigen. So meldete der SPIEGEL im Oktober 2015 unter der Überschrift „Deutschlands Bürgermeister sind entspannt":

„In einer SPIEGEL-ONLINE-Umfrage zeigen sich die Oberbürgermeister der 30 grössten Metropolen Deutschlands in Sachen Flüchtlinge überraschend entspannt. Immerhin über 18 Millionen Menschen leben in diesen Städten, fast ein Viertel der Bevölkerung. Hier wird sich entscheiden, ob auf Dauer die Integration der Neuankömmlinge gelingt. Wer einen kollektiven Aufschrei erwartet, hat sich getäuscht: Nur drei von 30 Metropolen halten sich für überfordert oder sprechen von einer Krise oder einem Krisenmodus. Aber nicht einmal sie wollen in Wehklagen ausbrechen.

Für sie bringt es der Oberbürgermeister von Hannover, Stefan Schostok (SPD), auf den Punkt: Aus unserer Perspektive ist es sicher richtig zu sagen: Es geht. Wir bekommen es hin. Wir schaffen das! Nur zwei der 30 befragten Oberbürgermeister verlangen explizit, die Flüchtlingszahlen zu deckeln. Die Lage ist besser, als man angesichts diverser Berichte über Massenschlägereien annehmen würde - jedenfalls wenn man den Angaben der 30 Oberbürgermeister und ihrer Mitarbeiter folgt. Wie ist das Verhältnis zwischen Flüchtlingen und Bevölkerung? Deutschlands Oberbürgermeister haben dazu eine einhellige Meinung: Alle 30 Großstädte bezeichnen das Verhältnis zwischen Flüchtlingen und Anwohnern als gut oder sehr gut. Nur zwei Metropolen fordern mehr und schnellere Abschiebungen. Andere versprechen sich von den Neuankömmlingen Chancen. »Angesichts des drohenden Arbeits- und Fachkräftemangels ist Deutschland und damit auch Düsseldorf auf Einwanderung angewiesen«, sagt Oberbürgermeister Geisel."

Doch schon einen Tag später geht ein Brandbrief von mehr als zweihundert Verwaltungschefs aus Nordrhein-Westfalen im Kanzleramt und in der nordrhein-westfälischen Staatskanzlei ein. Ihre Städte und Gemeinden seien am Ende ihrer Leistungsfähigkeit angekommen. Praktisch alle verfügbaren Unterbringungsmöglichkeiten seien ausgeschöpft. Selbst die Unterbringung von Flüchtlingen in Zelten sowie Wohncontainern sei kaum noch zu bewerkstelligen. Es sei zu befürchten, dass Deutschland trotz des Asylpakets weiterhin attraktiv für viele Flüchtlinge sein wird. Flüchtlinge aus sogenannten sicheren Drittstaaten sollten bereits an der deutschen Aussengrenze abgewiesen und die bestehenden Grenzkontrollen ausgeweitet werden. Ausserdem müsse es europaweite Obergrenzen für die Aufnahme von Flüchtlingen geben.

Dauerstreit um die Obergrenze

Die Bundesregierung trat bald in einen Dauerstreit zwischen CSU und CDU/SPD ein, ob es eine Obergrenze für den Zuzug von Flüchtlingen geben sollte. Daneben wurde ein Konzept entwickelt, Immigranten konzentriert an zu bestimmenden Orten festzuhalten, bis über ihre Asylwunsch entschieden ist. Alle politischen Entscheidungen sind jedoch einstweilen bis nach den Bundestagswahlen im Herbst 2017 vertagt.

Eine Obergrenze wird von Merkel auch deshalb für unnötig gehalten, weil sie einerseits weiter auf das Flüchtlingsabkommen mit Erdogan baut, obwohl dieser bereits ein Referendum über das Verhältnis zur EU angekündigt hat. Andererseits glaubt sie, trotz aller nicht unberechtigter Zweifel auch die nordafrikanischen Regierungen für ein entsprechendes Abkommen gewinnen zu können, um so die Immigration aus Afrika zu drosseln.

„Keine Obergrenze" ist die letzte Parole, die einstweilen von Merkels Sprüchen zur Immigration übrig geblieben ist.

5. Die Stimmung kippt

Durch die neuen Massenunterkünfte in den Großstädten wird die Bevölkerung erstmals mit der neuen und konzentrierten Masseneinwanderung von Menschen mit anderem Aussehen und anderer Sprache konfrontiert. In die bisherige Willkommenskultur nisten sich erste Zweifel ein, ob so viele Menschen in Deutschland zusätzlich zu den bereits seit Jahrzehnten mit wenig Erfolg bei der Integration aus muslimischen Ländern Zugewanderten überhaupt integriert werden können, was das kosten würde und welche Konkurrenz für die einheimische Bevölkerung bei der Suche nach Arbeitsplätzen, Wohnraum, Kita- und Schulplätzen sowie Sozialleistungen hier immer weiter aufwächst.

Viele Menschen beginnen zu begreifen, dass sie mit den ständigen Jubelmeldungen zu den Flüchtlingen von den Medien bewusst falsch informiert werden, dass die immer wieder vorgeführten, hilfesuchenden Kinderaugen ankommender Kleinkinder nicht das ganze Bild sind, dass möglicherweise auch viele Extremisten unter den Flüchtlingen sind. Bei den Pegida-Märschen entsteht schon im Oktober 2014 das dann immer wieder eingesetzte Schlagwort von der „Lügenpresse".

Auch begannen viele Menschen zu begreifen, dass nur ein kleinerer Teil der Immigranten echte Kriegsflüchtlinge waren, während ein grösserer aus Zuwanderern bestand, die aus wirtschaftlichen Gründen ein besseres Leben suchten. Der in den Medien regelmässig gebrauchte Begriff „Flüchtling", der zur Stützung der Willkommenskultur gebraucht wurde, war in diesen Fällen schlicht irreführend.

„Wir schaffen das!"

Die Bundeskanzlerin versuchte immer wieder mit ihrem Spruch „Wir schaffen das!" die Stimmung positiv zu halten.

5. Die Stimmung kippt

Wörtlich hatte sie schon in der Pressekonferenz vom 31. August 2015 erklärt:

„Deutschland ist ein starkes Land. Das Motiv, mit dem wir an diese Dinge herangehen, muss sein: Wir haben so vieles geschafft – wir schaffen das!"

Dieser Spruch wurde bald zum Soundbite der „neuen Willkommenskultur". Merkel wiederholte ihn trotz der bald daran einsetzenden Kritik mehrmals, unter anderem beim CDU-Bundesparteitag vom Dezember 2015. Doch musste sie ihn im September 2016 angesichts deutlicher Verluste ihrer Partei bei den Landtagswahlen in Mecklenburg-Vorpommern und zum Abgeordnetenhaus von Berlin sowie des Aufkommens der AfD erstmals relativieren. In einem Interview der Wirtschaftswoche distanzierte sie sich von ihrer Kopfgeburt deutlich:

„Ich verstehe die Skepsis in der Bevölkerung über den Satz. Er ist Teil meiner politischen Arbeit, weil ich davon überzeugt bin, dass wir ein starkes Land sind, das auch aus dieser Phase gestärkt herauskommen wird. Er ist Ausdruck einer Haltung, wie sie sicher viele aus ihrem beruflichen und privaten Leben kennen. Manchmal denke ich aber auch, dass dieser Satz etwas überhöht wird, dass zu viel in ihn geheimnist wird. So viel, dass ich ihn am liebsten kaum noch wiederholen mag, ist er doch zu einer Art schlichtem Motto, fast zu einer Leerformel geworden. So war er natürlich nie gemeint, sondern anspornend, dezidiert anerkennend. Und zwar weil ich genau weiss, dass wir alle in unserem Land gemeinsam sehr viel zu schultern haben, aber dass sich das in den übertrieben oft wiederholten drei Wörtern nicht sofort abbildet."

Nach der verlorenen Wahl zum Berliner Abgeordnetenhaus von 2016 verabschiedete sich Merkel endgültig von ihrem Motto:

„Mein Satz ‚Wir schaffen das' hat sich zu einer unergiebigen Endlosschleife entwickelt. Er ist nicht ausreichend gewesen, um die Probleme zu beschreiben, die mit der Aufnah-

me der Flüchtlinge verbunden sind. Ich will ihn deshalb nicht mehr wiederholen."

Dann erfand sie ein neues Motto, das wahrscheinlich einem ähnlichen Wunderglauben entsprungen ist: *„Wir werden aus dieser Phase besser herauskommen, als wir hineingekommen sind."*

Bei Anne Will geht sie im Oktober 2016 wieder in die Offensive. Ihre Flüchtlingspolitik ist für sie alternativlos, und natürlich hat sie keinerlei Anteil daran, dass so viele kommen. Es ist wieder einmal die Globalisierung, die allein verantwortlich ist. Und natürlich lassen sich Grenzen nicht schliessen, obwohl fast alle Länder um Deutschland herum das inzwischen vorgemacht haben und obwohl die Bundespolizei genau dafür vorgesehen war und schon einen Einsatzplan gehabt hatte:

„Ich sehe durchaus, dass das eine aussergewöhnliche Situation ist, vielleicht die schwierigste seit der Wiedervereinigung. Bisher hat man gedacht, dass Krisen wie die in Syrien weit weg von der eigenen Haustüre stattfinden. Aber die Globalisierung bringt die Konflikte nach Europa, nach Deutschland. Ich habe die Situation nicht herbeigeführt, sondern muss aus dieser Situation eine geordnete machen. Die Menschen hatten Gründe, ihre Heimat zu verlassen. Ich will keinen Wettbewerb, wer Flüchtlinge am schlechtesten behandelt, damit schon keine kommen. Sie können die Grenzen nicht schliessen. Es liegt nicht an uns, wie viele kommen. Man muss aber dafür sorgen, dass die Situation gesteuerter abläuft. Multikulti halte ich für eine Lebenslüge, weil das bedeutet, dass jeder tun kann, was er will."

Kriminelle und terroristische Flüchtlinge

Endgültig war die Willkommenskultur schon in der Sylvesternacht 2015 mit den massenhaften sexuellen Attakken von Flüchtlingen auf deutsche Frauen in Köln und zahlreichen anderen Großstädten untergegangen. Die Medien hatten darüber absichtlich nur mit grösserem Zeitverzug berichtet, um die Willkommenskultur zu schützen. Polizeidienststellen mieden in diesen wie anderen Fällen lange Zeit jede Angabe über die Herkunft von Tätern. Bis heute enthält die Kriminalstatistik des Bundes länderbezogene Angaben über die Täterherkunft von Flüchtlingen nur, wenn sie noch kein Asyl bekommen haben.

Terroristische Angriffe von IS-Tätern, die sich als Flüchtlinge ausgegeben hatten, vor allem auf den Berliner Weihnachtsmarkt von 2016, liessen die Stimmung weiter umkippen. Fortan herrschte in Deutschland im Zeichen der Migrationskrise eher Angst als optimistische Zuversicht in der Bevölkerung (siehe Kapitel 7).

Die Überforderung der deutschen Sicherheitsbehörden durch monatelange, total unkontrollierte Massenzuwanderung war gigantisch und hätte nie passieren dürfen. Die Kanzlerin hatte sich auch in dieser Hinsicht blind darauf verlassen, dass alles schon zu schaffen ist. Ohne diese Überforderung wäre es wahrscheinlich nicht zum Terroranschlag auf den Berliner Weihnachtsmarkt gekommen und hätte die Sylvesternacht 2015 nicht zu einem „Freudenfest" für total enthemmte Nordafrikaner werden können. Doch statt ihren Teil der Verantwortung einzuräumen, warf Merkel im Wahlkampf von NRW nun der dortigen Landesregierung die Verantwortung für den Terroranschlag am Weihnachtsmarkt und die Sylvesternacht vor. Das Versagen in der Kölner Silvesternacht und auch der Umgang mit dem Terrorfall Anis Amri zeigten:

"Hier muss es besser werden. Nordrhein-Westfalen hat einen ganz negativen Beitrag dazu geleistet, dass die Stimmung in der Flüchtlingskrise in Deutschland gekippt ist."

Also war auch für die Kanzlerin die Stimmung gekippt, wenn auch mit einem ziemlich gemeinen, an den Koalitionspartner gerichteten „Haltet den Dieb!".

6. Und dann noch aus Afrika

Derzeit werden global etwa 66 Mio. vertriebene oder geflüchtete Menschen gezählt. Davon befinden sich etwa 22 Mio. Menschen auf der Flucht außerhalb ihres Heimatlandes, die größte Zahl seit 1945. Sie verteilen sich zu 60 % auf nur zehn Aufnahmeländer. Die meisten leben in Lagern in der Nähe ihrer Heimatländer, wo sie lange festgehalten werden und keine legale Arbeit in den Aufnahmeländern annehmen dürfen. Die durchschnittliche Dauer in den Lagern liegt bereits bei über einem Jahrzehnt. Doch 2015 ist der Damm vor vielen dieser Lager erstmals gebrochen, erst vor allem in der Türkei, im Libanon, dem Irak und Afghanistan und dann auch in Afrika. Von den ins Ausland Geflüchteten kommen allein 30 % aus afrikanischen Ländern, mit einem Anstieg in 2016 von 16 %.

Das Zusammenspiel von Einladungsgesten der Bundeskanzlerin und die globale Vernetzung der Medien haben dazu geführt, dass die deutsche Willkommensbereitschaft überall in der Welt bis nach Afrika hinein wahrgenommen wurde. Im Ergebnis wurde eine zusätzliche Lawine losgetreten, deren Höhepunkt wahrscheinlich längst nicht erreicht ist. Die deutschen Medien berichteten im Februar 2017 über ein angeblich geheimes Papier der deutschen Sicherheitsbehörden, wonach bis zu 5,95 Mio. Flüchtlinge darauf warten sollen, nach Europa zu gelangen. In türkischen Flüchtlingsunterkünften sollen sich 2,93 Mio. Flüchtlinge befinden, die das Ziel Europa haben, und alleine in Libyen würden sich 1,2 Mio. Flüchtlinge aufhalten, die auf eine Überfahrt nach Europa hofften. Weitere bis zu 500.000 Flüchtlinge sollen es in Ägypten sein und in Tunesien, Algerien und Marokko noch einmal 610.000. Viele dieser Flüchtlinge stammen aus der Region Zentralafrika und kommen unter anderem über Mali und Niger nach Algerien und Libyen. Die meisten sind Wirtschaftsflüchtlinge, wobei die Klimaentwicklung zur Not noch erheblich beiträgt.

6. Und dann noch aus Afrika

In Afrika leben zurzeit 1,2 Milliarden Menschen. Die Geburtenraten von Kindern pro Frau sind vor allem in den islamischen Ländern Afrikas enorm hoch, in Subsahara-Afrika, wo die meisten Afrikaner leben, dreimal höher als in Europa. Daher wird die afrikanische Bevölkerung nach den Voraussagen des UN Bevölkerungsprogramms in nur 35 Jahren bereits auf 2,5 Milliarden angestiegen sein oder mehr als doppelt so viele wie heute. Die unter 25 Jahre werden von derzeit 0,7 Milliarden auf 1,3 Milliarden zunehmen. Dann würden 37 % aller Menschen der Welt unter 25 Jahre allein in Afrika leben. In Subsahara-Afrika wird sich die Bevölkerung bis 2050 auf das 2,2-Fache, in Nordafrika um fast die Hälfte erhöhen. Das sind viele Zahlen. Doch sie sind für unsere Zukunft enorm wichtig. Die hier beigefügte Abbildung zeigt Europa und Afrika im Massstab der Bevölkerungsgrösse, die das Bevölkerungsprogramm der UN für 2050 erwartet. In vielen Ländern Afrikas ist die Arbeitslosenrate, soweit sie von der ILO überhaupt erfasst wird, schon jetzt sehr hoch. Das gilt vor allem für Jugendliche: Unter männlichen Jugendlichen Nordafrikas ist sie mehr als dreimal so hoch wie unter männlichen Erwachsenen, unter weiblichen sogar mehr als sechsmal. Fast 20 % der Arbeitnehmer in Nordafrika müssen mit ihren Familien von weniger als 2 $/Tag leben. In Subsahara-Afrika ist es noch viel schlimmer.

Die grosse Frage ist: Wie viele Afrikaner werden sich auf den Weg nach Europa machen? Diese hat sich 2015 Prof. Gunnar Heinsohn, der Militärdemographie am NATO Defense College und an der Bundesakademie für Sicherheitspolitik (BAK/Berlin) lehrt, gestellt. Er verweist auf eine globale Gallup-Umfrage von 2009. Schon damals wollten 38 % der in den Subsahara-Ländern Befragten dauerhaft auswandern, wenn sich die Gelegenheit dafür ergäbe, der weitaus grösste Anteil um den Globus herum.

Die Begrenzung der Arbeitsplätze, die schlechte Ernährungssituation, ein enormes Ausmass an Korruption, anhaltende Bürgerkriege und oft brutale Unterdrückung werden in den kommenden Jahrzehnten sehr viele Afrikaner zur Auswanderung treiben. Je mehr Flüchtlinge Europa jetzt aufnimmt, umso grösser auch der Sog gerade auf Afrika. Die deutschen Willkommenssignale werden im Zeitalter der globalen Digitalisierung in Afrika ebenso empfangen wie in den Flüchtlingslagern der Syrer. Seit Anfang 2014 kamen insgesamt rund 576.000 Menschen über die zentrale Mittelmeerroute nach Europa, wie die IOM im April 2017 berichtete. 220.000 davon stammten aus Nigeria und Eritrea. In den ersten sechs Monaten 2017 sind mit 72.000 28 % mehr als im gleichen Zeitraum des Vorjahres in Italien angekommen. Die Zusammenarbeit der EU mit Libyen zur Verhinderung der Migration klappt nicht.

Bundesentwicklungsminister Gerd Müller hat jetzt vor einer großen Fluchtbewegung von bis zu 100 Millionen Menschen aus Afrika Richtung Norden gewarnt, falls eine Begrenzung der Erderwärmung auf zwei Grad nicht gelingt. Vor allem in Afrika entscheide sich demnach die Zukunft der Welt.

Bevölkerungsentwicklung bis 2050 in Afrika und Europa

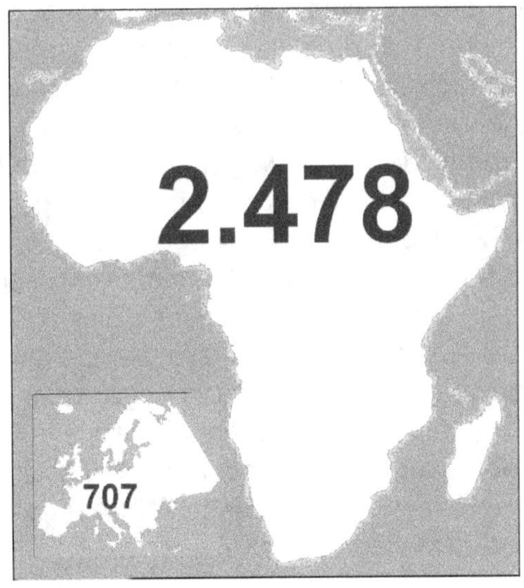

7. Die Belastungen für Deutschland und seine Bürger

Die Belastungen, die sich aus dem Millionenzuzug der neuen Welle an Immigranten ergeben, lassen sich nur einordnen, wenn man die Lage des Landes und seiner Menschen ausreichend berücksichtigt. Entgegen gern verbreiteter Darstellung ist Deutschland von der Vermögens- und Einkommenslage eines grossen Teils der Bevölkerung her, ein vergleichsweise armes Land, in dem es auch relativ viel Armut und Angst vor drohender Altersarmut gibt. Die Bevölkerung ist stärker gealtert als in den meisten anderen Vergleichsländern und schiebt einen sehr grossen Rentneranteil mit seinen ökonomischen Belastungen auf. Arm dran ist auch die soziale Infrastruktur bei Kitas, Schulen, Gesundheitsdiensten, kostengünstigem Wohnraum und Sozialleistungen generell.

Hier und am Arbeitsmarkt werden sich die Neuankömmlinge als Konkurrenten bemerkbar machen. Soweit sie, wie zu befürchten, nicht ausreichend integriert werden können, werden sie ohne eigene Leistung Sozialleistungen in Anspruch nehmen. Ausserdem bedroht ein hoher Anteil von Menschen aus total fremden Kulturen den kulturellen Zusammenhalt der heimischen Bevölkerung. Bisherige Daten aus der Kriminalstatistik zeigen zudem eine höhere Kriminalitätsrate der Immigranten, zumal sie schon wegen ihres jungen Alters eher zu Kriminalität neigen, als das bei älteren Jahrgängen zu beobachten ist. An vielen Orten bewegen sich vor allem deutsche Frauen mit Vorsicht. Auch darf nicht vergessen werden, welche mentale Gräben die grenzenlose Einwanderungspolitik der Bundesregierung schon jetzt in der deutschen Bevölkerung aufgeworfen hat. Sie gehen sogar quer durch viele Familien und entfremden Nachbarn und Kollegen.

Im Ergebnis wird sich die Immigrationspolitik als ein Verrat an den Interessen eines grossen Teils der deutschen Bevölkerung herausstellen.

Wohlstand ist nicht überall

Die Bundesregierung legt im Abstand von wenigen Jahren Armuts- und Reichtumsberichte vor. Bei der Ankündigung des Berichts von 2017 erklärte Arbeitsministerin Nahles, die unteren 40 % der Beschäftigten hätten gemessen am Bruttostundenlohn 2015 real weniger verdient als Mitte der Neunzigerjahre (Abb. 19591, 19593). Tatsächlich sind es zwischen 7 % weniger für das einkommensärmste Zehntel bis 4 % weniger für das viertletzte. Nimmt man die untersten sechs Zehntel zusammen, so haben sie über 3 % verloren, während der obere Rest um 9 % dazugewonnen hat.

Es gebe zudem, so Nahles, eine verfestigte Ungleichheit bei den Vermögen. Dazu sagt der Bericht, die reichsten zehn Prozent der Haushalte besässen mehr als die Hälfte des gesamten Nettovermögens, während die unteren 50 Prozent der Haushalte nur auf ein Prozent des Gesamtvermögens kämen (Abb. 19592). Tatsächlich sammelt sich am unteren Ende der sozialen Pyramide Armut an. So bezog 1970 erst 1,2 % der bundesdeutschen Bevölkerung Sozialhilfe. Doch im Januar 2017 lag der Anteil der erwerbsfähigen und nicht erwerbsfähigen Leistungsberechtigten bereits bei 11,1 %. Nach einer neuen Umfrage des Forsa-Instituts unter mehr als 1.000 Bürgern fürchtet eine grosse Mehrheit, dass sich die Altersarmut in Deutschland in den kommenden zehn Jahren ausweiten wird. 50 % stimmten der Aussage „voll und ganz zu", dass die Altersarmut in Deutschland weiter zunehmen wird. Weitere 35 % gaben an, sie würden dem „eher" zustimmen. Das ist eine schlimme Sorge, weil sich die Betroffenen diesem Übel ziemlich ohnmächtig ausgeliefert fühlen.

Jeder zweite Beschäftigte verdient in Deutschland zu wenig für die Rente. Nach einer aktuellen Datenübersicht der Bundesregierung sowie des Statistischen Bundesamts ist ein monatliches Bruttogehalt von 2330 Euro nötig, um im Laufe eines durchschnittlich langen Arbeitslebens (immerhin 38 Jahre in Vollzeit) eine Rente auf Grundsicherungsniveau von 795 Euro monatlich zu erhalten. 2014 verdienten von den 37 Mio. Beschäftigten 19,5 Mio. Menschen weniger als 2330 Euro. Damit bekämen 52 % im Alter eine Rente unter dem durchschnittlichen Alters-Grundsicherungsbedarf von 795 Euro.

Nach dem neuesten Armuts- und Reichtumsbericht leben 2,7 Mio. Kinder und Jugendliche armutsgefährdet in Haushalten mit weniger als 60 % des mittleren Einkommens; ihr Anteil ist in den vergangenen Jahren immer weiter gestiegen und betrifft schon mehr als jedes fünfte Kind (Abb. 19616). Davon sind etwa 2 Mio. von Hartz IV abhängig, fast die Hälfte von ihnen schon seit über vier Jahren. Armutsforscher Butterwegge schätzt die Zahl der Kinder, die von Lebensmitteltafeln versorgt werden müssen, auf eine halbe Million. Vier von fünf der von Forsa Befragten sorgen sich, dass Kinder aus sozial schwachen Familien im Bildungssystem künftig vernachlässigt werden. Fast die Hälfte glaubt, dass diese Kinder in zehn Jahren schlechtere Bildungschancen haben werden als Kinder aus bessergestellten Familien. Auch nach einer IPSOS-Umfrage aus 2016 glaubt eine Mehrheit, dass die heutigen Kinder generell schlechter dran sein werden als ihre Eltern.

Deutschland ist im internationalen Vergleich ein vergleichsweise vermögensarmes Land. Nach einer Erhebung der EZB haben die Deutschen das geringste mittlere Vermögen in der Eurozone von nur 60.000 Euro verglichen mit mehr als 100.000 für alle Euroländer (Abb. 19618). Selbst die Euro-Krisenländer, denen Deutschland hilft, sind besser dran. Dabei klafft das Vermögen zwischen Arm und Reich in Deutschland und Österreich mehr als anderswo auseinander (Abb. 19619, 18089). Die Hälfte der deutschen Haushalte besitzt nach Abzug von Schulden null bis höchstens 60.000 Euro. Nur etwa 40 % wohnen im eigenen Wohnraum (Abb. 18090).

Wettbewerb am Arbeitsmarkt

Gerade die zahlreichen weniger qualifizierten und geringer entlohnten deutschen Arbeitnehmer werden dem Wettbewerb mit Immigranten um die in diesem Bereich seltener werdenden Arbeitsplätze ausgesetzt sein. Dazu tragen die Digitalisierung der Arbeit und die immer globalere Verteilung von Arbeitsplätzen auf Niedrigstlohnländer noch bei. Andererseits werden entgegen den frohen Erwartungen aus Politik und Wirtschaft unzureichend gebildete Zuwanderer den Facharbeitermangel in Deutschland nicht ausgleichen können.

Inzwischen hat die Bundesregierung begonnen, den Schutz deutscher Arbeitnehmer mit Rücksicht auf die Zuwanderer abzubauen. Seit 2016 haben Flüchtlinge, über deren Antrag auf humanitären Schutz noch nicht entschieden wurde, nach drei Monaten Aufenthalt grundsätzlich Zugang zum Arbeitsmarkt. Bis dahin durften für das konkrete Stellenangebot im Rahmen einer „Vorrangprüfung" keine deutschen Arbeitnehmer, EU-Bürger oder entsprechend rechtlich gleichgestellte Ausländer zur Verfügung stehen. Die Ausnahme gilt zunächst für drei Jahre. Deutschland wird damit für Zuwanderer als Aufnahmeland noch attraktiver. Gegen den Widerstand von Gewerkschaften und SPD versucht die CDU nun, auch Ausnahmen vom Mindestlohn durchzusetzen. So sollen für Asylberechtigte und anerkannte Flüchtlinge Praktikumszeiten, bei denen vom Mindestlohn abgewichen werden kann, auf mindestens sechs Monate verlängert werden. Ursprünglich wollte die CDU Flüchtlinge wie Langzeitarbeitslose behandeln, die in den ersten sechs Monaten der Beschäftigung keinen Anspruch auf Mindestlohn haben.

Man sieht schon an diesen Beispielen, wie das deutsche Arbeitsrecht zum Nachteil der deutschen Arbeitnehmer im Interesse von Zuwanderern aufgeweicht wird. Dabei wird es bei steigender Arbeitslosigkeit unter den Zugewanderten zu weiteren Aufweichungen kommen.

Kampf um kostengünstigen Wohnraum

Kostengünstiger Wohnraum, an dem ärmere Bevölkerungskreise interessiert sein müssen, ist in Deutschland selten geworden. Doch für die Zugewanderten wird jetzt in Deutschland in grösserem Stil gebaut. Meist handelt es sich um Anlagen, die weit entfernt von den Villenvororten genau dort entstehen, wo weniger betuchte Deutsche wohnen.

Es fehlen bereits jetzt etwa 260.000 Wohnungen, die trotz Bedarfs in den Jahren 2009 bis 2015 nicht gebaut wurden. Die BAG Wohnungslosenhilfe ermittelte einen drastischen Anstieg der Wohnungslosigkeit in Deutschland: 2014 waren ca. 335.000 Menschen ohne Wohnung. Seit 2012 ist dies ein Anstieg um ca. 18 %. In deutschen Metropolen haben viele Haushalte ein so geringes Einkommen, dass ihnen eigentlich eine öffentlich geförderte Wohnung zusteht: in Berlin sollen es 55 %, in Hamburg, Köln und Nürnberg 40 % oder mehr sein. Doch auf dem freien Markt finden sie kaum entsprechend bezahlbaren Wohnraum. Die Vermittlungsportale Immowelt und Immonet haben die auf ihnen eingestellten Mietwohnungsangebote von Januar bis September 2015 für acht deutsche Großstädte ausgewertet: In sieben der acht Städte war der Anteil günstiger Wohnungen mit maximal 15 % weitaus geringer als der Anteil berechtigter Haushalte.

Auch sonst Vorfahrt für Flüchtlinge?

Sehr genau beobachten inzwischen viele Deutsche, ob Flüchtlinge bevorzugt werden. Das fängt damit an, dass Schulen und Kindergärten Plätze vorhalten müssen, dass Flüchtlingskinder an einigen Orten per Taxi in die Schule gefahren werden und Lehrer angehalten sind, Rücksicht auf diese zu nehmen. Deutsche bedürftige Familien müssen alles offen legen, bevor sie an Sozialleistungen kommen, Flüchtlingsfamilien nicht. Anders als ärmere Einheimische kommen

Flüchtlingsfamilien kostenlos an Fernsehen und Internet. Im MDR-Fernsehen gab es 2016 einen Beitrag über Asylbewerber, die in Chemnitz kostenlos mit dem Taxi zum Arzt oder zu Terminen im Bundesamt für Migration und Flüchtlinge gebracht wurden, wobei die Aufregung unter den Zuschauern gross war.

Bedrohung durch Kriminalität

Das Bundesamt (Bamf) war durch den Ansturm der Asylanten dramatisch überfordert. Ende 2015 beschwerten sich die Personalräte, die massenhafte Entscheidungspraxis weise „systemische Mängel" auf. Im Jahr 2015 wurde nur ein Prozent der Asylentscheidungen stichprobenartig überprüft. 2015 und die ersten Monaten des Jahres 2016 mussten Antragssteller aus Syrien, Irak und Eritrea ihre Asylgründe nur oberflächlich in einem Fragebogen darlegen. So gingen in 2015 und 2016 mehr als 300.000 solcher Fragebögen bei der Behörde ein. Bekannt wurde die fälschliche Asylerteilung an den sich als Syrer ausgebenden Rechtsextremisten Franco A. von der Bundeswehr. Sie führte zu einer teilweisen Nachprüfung, bei der in 10 bis 15 % der Asylverfahren Fehler entdeckt wurden. Nicht wenige Immigranten konnten sich also das Asyl erschleichen, einige mit einem kriminellen Hintergrund.

Die deutsche Bevölkerung ist seit dem Dammbruch an den deutschen Grenzen von einer ganzen Reihe von Gewalttaten, Sexualdelikten und Terroranschlägen aufgeschreckt worden, die von Flüchtlingen oder Menschen, die sich als solche ausgegeben hatten, ausgegangen waren. Unter den Immigranten befinden sich auch solche, die sich an Gewalt gewöhnt hatten. Sie kommen meist aus Kulturen, in denen das Verhältnis der Geschlechter noch von alten Sitten ganz anders als in Deutschland geregelt und Gewalt gegen Frauen weit verbreitet ist.

Hätte die Bundeskanzlerin ihre Willkommenssignale weniger extrem - quasi „urbis et orbis" - in alle Welt gesandt und hätte Deutschland dann weniger Migranten unkontrolliert ins Land gelassen, dafür aber mehr direkt aus den von der UN betreuten Flüchtlingslagern geholt, so wären Menschen gekommen, die man auf eventuelle Vorstrafen und extreme Vergangenheiten hätte prüfen können. Ein besonderes Beispiel lieferten sechs Flüchtlinge aus Syrien (und einer aus Libyen), die in der Weihnachtsnacht 2016 einen schlafenden Obdachlosen in einem U-Bahnhof angezündet haben. Sie waren zwischen 2014 und 2016 nach Deutschland gekommen, lebten mit Obdach zu Lasten des Steuerzahlers in Berliner Flüchtlingsunterkünften, wobei einige von ihnen schon wegen mutmaßlicher Straftaten aufgefallen waren. Nach den Videoaufzeichnungen haben die Täter minutenlang noch neben dem Schlafenden gestanden, sich munter unterhalten, gefeixt und sich amüsiert, als wäre es ihre Art von Weihnachten gewesen. Der Haupttäter war 21 Jahre alt und wurde ziemlich milde zu 33 Monaten Haft verurteilt. Da einige der Angeklagten noch Jugendliche waren, kamen sie alle vor ein Jugendgericht. Die Jugendlichen wurden mit kleinsten Jugendstrafen gleich wieder freigelassen. Man muß sich den Satz der Vorsitzenden Richterin merken: „Die Kammer bekam eine Vorstellung davon, was für Menschen uns gegenübersitzen. Junge Männer mit geringer Schulbildung, mit unreifen Persönlichkeiten, die noch nicht lange in Deutschland leben und noch nicht ihren Platz in unserer Gesellschaft gefunden haben". Ob sie den wohl jemals finden?

Nach einer telefonischen Umfrage von infratest/dimap Ende Januar 2017 unter etwa 1.000 Menschen fühlt sich jede dritte Frau zusehends bedroht. Viele Frauen haben nach eigenen Angaben ihr eigenes Verhalten in den vergangenen beiden Jahren verändert. So vermeiden 62 % aller Frauen abends grundsätzlich bestimmte Strassen, Parks oder Plätze. Ein reichliches Drittel gibt an, dies seit zwei Jahren häufiger zu tun. Öffentliche Verkehrsmittel am Abend vermeidet fast jede dritte befragte Frau. Annähernd die Hälfte von ihnen tut dies häufiger als vor zwei Jahren. Für etwa jeden Dritten sind Ausländer und Flüchtlinge die Gruppe, von der die stärkste Bedrohung ausgeht.

Um dennoch die Deutschen ruhig zu halten, wurde lange Zeit die Herkunft von Tätern aus Flüchtlingsländern nicht angegeben. Ausserdem wurde die Parole ausgegeben, Flüchtlinge seien weniger kriminell als Deutsche und, soweit sie kriminell seien, sei ihr durchschnittlich jüngeres Alter zu berücksichtigen, in dem Menschen eben zu mehr Kriminalität neigten. Die Süddeutsche Zeitung titelte noch im Dezember 2016: „Flüchtlinge begehen weniger Straftaten". Die Straftaten von Flüchtlingen gingen zurück, und die meisten Taten seien Bagatelldelikte, wie Schwarzfahren. Die Polizei sieht das anders: So hätten in Köln Stichproben gezeigt, dass 2015 mehr als 40 % der Migranten aus dem Maghreb bereits im ersten Jahr nach ihrer Einreise einen Raub oder Diebstahl verübten.

Die Polizeiliche Kriminalstatistik des Bundes (PKS) für 2016 hat einen argen Mangel, wenn es um die Kriminalität von Zuwanderern geht. Tatverdächtige Zuwanderer im Sinne dieser Definition werden in der PKS nur mit Aufenthaltsstatus „Asylbewerber", „Duldung", „Kontingentflüchtling/Bürgerkriegsflüchtling" und „unerlaubter Aufenthalt" registriert. Dagegen werden Tatverdächtige mit positiv abgeschlossenem Asylverfahren, die als „international/national Schutzberechtigte und Asylberechtigte" anerkannt sind, unter dem Sammelbegriff „sonstiger erlaubter Aufenthalt" erfasst. Über den Anteil der „international/national Schutzberechtigten und Asylberechtigten" an den „Sonstigen" liegen keine Erkenntnisse für die PKS vor. Also sind die als asylberechtigt Anerkannten in der PKS nicht mehr identifizierbar. Leider gibt die PKS auch keine Gesamtzahl der Zuwanderer an, an denen man die Kriminalitätshäufigkeit messen könnte. Nach Schätzungen in den Medien dürfte ihr Anteil an der Gesamtbevölkerung nicht über 2 % betragen. Demgegenüber stellen sie laut PKS aber 8,6 % aller Tatverdächtigen. In einigen Deliktsgruppen ist ihr Anteil noch deutlich höher: darunter Straftaten gegen das Leben (12 %), Vergewaltigung und sexuelle Nötigung (15 %), Raubdelikte (14 %), Gefährliche und schwere Körperverletzung (15 %), Diebstahl (13 %) und Urkundenfälschung (22 %). Auffällig ist der Wert auch beim Taschendiebstahl, bei dem laut PKS zu 35 % Zuwanderer tatverdächtig sind. Die Zuwanderer sind also erheblich krimineller als die GesamtBevölkerung.

Viele Medien haben übrigens die PKS 2016 bezogen auf die Zuwanderer wie ein rohes Ei behandelt. Die ZEIT geht auf diesen Aspekt gar nicht ein und setzt die Schlagzeile: „Politische Straftaten auf Höchststand". Ähnlich macht es der SPIEGEL mit der Schlagzeile: „Zahl politischer Straftaten erreicht Höchststand". Wahrscheinlich muß sich Deutschland für die kommenden Jahre auf ein Anwachsen der Kriminalität unter denjenigen Immigranten einstellen, die keinen Arbeitsplatz und damit kein geregeltes Einkommen finden und die dann auch nicht aus einem Arbeitseinkommen die von ihren Familien im Heimatland oder in den grenznahen Flüchtlingslagern erwarteten Überweisungen vornehmen können. Ebenso muß ein teilweises Abrutschen solcher Immigranten in die Drogenszene befürchtet werden, vom Terrorismus gar nicht zu reden.

Bedrohung durch Terrorismus

Zum Bedrohungspanorama, unter dem die Bevölkerung besonders leidet, gehören Terroranschläge, die es wiederholt mit vielen Todesopfern auch in Deutschland gegeben hat. Hinzu kommt die islamistisch-terroristische Szene im Lande, die von den Sicherheitsbehörden kaum unter Kontrolle gehalten werden kann. Sie ist nach Angaben des Bundesamtes für Verfassungsschutz zuletzt stark gewachsen. „Wir zählen inzwischen 1.600 Personen zum islamistisch-terroristischen Personenpotenzial", sagte BfV-Präsident Maassen im Februar 2017 auf dem Europäischen Polizeikongress. Gegen Ende des Jahres 2016 hatte die Zahl noch bei rund 1.200 Personen gelegen. Maassen betonte die anhaltende Terrorgefahr: „Wir erhalten täglich zwei, manchmal sogar vier konkrete Hinweise auf Tatbegehungen in Deutschland." Vergangenes Jahr seien aus der Bevölkerung 1.104 Hinweise zu möglichen Anschlagsplanungen oder Terrorverdächtigen allein über die BfV-Hotline eingegangen, während es im Jahr 2013 noch 103 gewesen seien. Maassen: „Wir müssen anerkennen, dass wir in einer Lage leben, und nicht mehr in einem Normalzustand." Als eigentliche islamistische „Gefährder" - Menschen, denen ein Anschlag zugetraut wird - hatte das Bundeskriminalamt zuletzt rund 570 Menschen geführt.

Verlust an Solidarität

Der Migrationsforscher Paul Collier, Prof. in Oxford, kommt in seinem neuen Buch „Exodus, Migration and Multiculturalism in the 21st Century" zu dem Ergebnis, dass für die Aufnahmeländer nicht die ökonomischen Probleme die Hauptgefahr einer immer mehr anwachsenden Migration sein werden, sondern die gesellschaftspolitischen. Im Interview mit ZEIT-Online vom Februar 2015 erklärte er:

„Die ökonomischen Folgen von Einwanderung sind zu vernachlässigen. Entscheidender sind die sozialen Folgen. Wir wissen, dass ein gewisses Mass an kultureller Verschiedenheit einer Gesellschaft nutzt, denn die neuen Migranten bringen Innovation und Abwechslung. Aber das gilt nur bis zu einem gewissen Mass, denn zu ungleiche Gesellschaften können negative Folgen haben. Wir wissen etwa durch Robert Putnam, dass das gegenseitige Vertrauen innerhalb einer Gesellschaft tendenziell sinkt, wenn die Verschiedenheit durch Einwanderung zunimmt. Für die modernen und reichen Gesellschaften ist das deshalb von Bedeutung, weil wir unzählige, sehr komplexe Institutionen haben, die auf gegenseitigem Vertrauen und Kooperation aufbauen, etwa in unseren Sozialsystemen. Wenn eine Gesellschaft zu verschieden zusam-

mengesetzt ist, wird es schwieriger, die Kooperation in solchen Systemen zu organisieren. Das ist in der Forschung nicht kontrovers, sondern Standard.

Ein zweites Merkmal der europäischen Gesellschaften ist ihre Grosszügigkeit gegenüber den Bedürftigen. Zahlreiche Studien belegen, dass ein zu hohes Mass an Migration die Bereitschaft von Gesellschaften senkt, grosszügig Sozialleistungen zu gewähren. Man sieht das zum Beispiel in den USA: Die Gesellschaft ist weniger homogen zusammengesetzt als jene in Europa. Dementsprechend ist der Staat weniger grosszügig zu den Armen im Land."

Mit einer stark gewachsenen Immigration bei wegen der kulturellen Unterschiede gebremster Integration wird gerade die deutsche Gesellschaft, die bisher noch ein im internationalen Vergleich relativ ausgeprägtes System an solidarischen Sozialleistungen, relativ wenig Korruption und intakten Gesellschaftsstrukturen aufweist, negative Veränderungen durchmachen. Der Sozialbetrug wächst bereits jetzt unter einem sehr mobilen und mit mehreren Ausweispapieren ausgerüsteten Teil der neuen Immigranten. Viele benützen öffentliche Verkehrsmittel ohne Fahrkarten. Taschendiebstahl und Urkundenfälschung sind weit stärker als in der einheimischen Bevölkerung verbreitet.

Verlust an Identität

Nach einer neuen europaweiten Umfrage von Chatham House, einer sehr seriösen britischen Institution, unter mehr als 10.000 Menschen verlangen durchschnittlich 55 % der Befragten, die Zuwanderung aus muslimischen Ländern zu stoppen. Der Anteil liegt in Deutschland mit 53 % etwa auf der gleichen Höhe, noch höher unter den Westeuropäern in Österreich mit 65 %, Belgien 64 % und Frankreich 61 %. Nach einer IPSOS-Umfrage von 2016 sagten schon damals 38 % der Deutschen, sie fühlten sich im eigenen Lande fremd. Der deutsche Soziologe Prof. Armin Nassehi spricht in Zusammenhang mit der Flüchtlingspolitik von einem „Kulturkampf". Eine sehr kosmopolitische, moralisch allzu selbstbewusste und selbstgerechte, auch oft mit ökonomischer Potenz gedeckte Gruppe von Modernisierungsgewinnern, die quasi mit links Begriffe wie Kultur, Volk, Nation dekonstruiere, bediene mit einer exzessiven Willkommenskultur ihr eigenes Abgrenzungsbedürfnis gegen kleinbürgerliche Ängste und Enge. Die Flüchtlinge waren da also nur ein Trigger gewesen, um mit der Willkommenskultur die Abgrenzung gegen die Globalisierungsverlierer und deren Ausgrenzung zu betreiben.

8. Der Verrat an den Interessen der Zuwanderer und deren Herkunftsländer

Der Verrat an den Interessen vieler der Zugewanderten und ihrer Herkunftsländer ist nicht viel geringer als an den Einheimischen, wenn auch ganz anders.

Verrat an den Interessen der Zuwanderer

Mit einer weit überzogenen Willkommenspolitik wurden besonders gefährdete Menschen in die gefährliche Flucht nach Deutschland gelockt, verkauften noch zu Hause ihr Hab und Gut, bezahlten die raffgierigen Schlepper, setzten ihr Leben in nicht seetüchtigen Boten und Bötchen in Gefahr, liefen unter teilweise erbärmlichen Wetterbedingungen durch unfreundliche Bevölkerungen und Landschaften, standen vor stacheldrahtbewehrten Grenzen und kamen schliesslich in Deutschland an. Nicht wenige brachten Kinder und alte Eltern mit.

Von 2014 bis 2015 ertranken im Mittelmeer nach Mitteilung der Internationalen Organisation für Migration (IOM) fast 6.800 Menschen, darunter viele Kinder. Und diese Tragödie setzte sich trotz und teilweise sogar wegen der deutschen Willkommenskultur mit über 5.000 in 2016 Ertrunkenen und mehr als 2.100 in 2017 bis Juni fort. Die allermeisten von ihnen starben auf dem Weg über die zentrale Mittelmeerroute von Nordafrika nach Italien.

Der schon erwähnte, auf Migration spezialisierten Entwicklungsökonom Prof. Collier fand im Februar 2016 im Interview mit der „Frankfurter Allgemeinen" sehr deutliche Worte zur deutschen Flüchtlingspolitik (siehe auch Cartoon aus dem britischen Spectator nebenan):

„Alle Flüchtlinge nach Deutschland einzuladen war ein kolossaler Fehler von Angela Merkel. Zumal sie vorher offensichtlich überhaupt keine Vorbereitungen getroffen hatte, um den daraus resultierenden Ansturm zu bewältigen. Abgesehen davon war ihre Einladung auch moralisch verwerflich. Sie hat die Menschen quasi aufgefordert, nach Europa zu schwimmen. Das ist russisches Roulette: Such dir einen Schlepper, und hoffe, dass dein Boot nicht untergeht. Was gibt es da zu verteidigen?"

In seinem neuen Buch, das Collier zusammen mit seinem Oxford-Kollegen Alexander Betts geschrieben hat, legt er noch einmal nach: Nach Merkels „Wir schaffen das" sei im September und Oktober 2015 der Anteil der Syrer an den Migranten erheblich gestiegen und ebenso die Zahl nicht-syrischer Migranten auf der Balkanroute. In der Folge hätte die Expansion des Menschen-Schmuggels zu tausenden von Toten geführt. Deutschland hätte eine Versuchung geschaffen, die riskante Reise zu wagen. Die Autoren weisen auch auf die etwa 73.000 Jugendlichen hin, die sehr oft von ihren Eltern nach Deutschland vorgeschickt worden seien, damit sie später Geld nach Hause überwiesen, und die nun in ihrer Isolierung in einer total fremden Gesellschaft als Opfer von Ausbeutung gefährdet seien, oft ausserhalb des Schulsystems blieben und oft unerträglichen psychischen Stress ertragen müssten.

Auch UNICEF warnt jetzt vor den Gefahren für unbegleitete jugendliche Flüchtlinge. Allein in den vergangenen beiden Jahren wurden in 80 Ländern etwa 300.000 unbegleitete und

von ihren Eltern getrennte Kinder und Jugendliche unter 18 Jahren registriert, von denen 170.000 in Europa Asyl beantragt haben. 92 % aller Minderjährigen, die Italien über den Seeweg erreichten, waren unbegleitet und von ihren Eltern getrennt. Viele werden Opfer von Menschenhandel und Prostitution.

8. Verrat an den Interessen der Zuwanderer

Tatsächlich fehlte es in Deutschland und fehlt immer noch an den notwendigen Voraussetzungen für eine geregelte Aufnahme und spätere erfolgreiche Integration der meisten Flüchtlinge. Das fängt mit Wohnraum an, geht über Sprachunterricht weiter und bezieht auch das fehlende Lehrpersonal an den Schulen ein, vor allem solches, das mit den kulturellen Verhältnissen in den Herkunftsländern von Schülern und Eltern vertraut ist. Dabei fehlte es schon an geeignetem Personal, um die Zugewanderten rasch zu registrieren und dann über ihre Asylanträge zu entscheiden, so dass sie möglichst bald dem Arbeitsmarkt zugeführt werden können.

Auch die Unsicherheiten einer sich ständig ändernden Asylpolitik lasten auf den Menschen. Besonders bitter trifft es Zugewanderte, die nach der kräftezehrenden und höchst gefährlichen Reise nun wieder abgeschoben werden. Meist haben die deutschen Behörden versäumt, rechtzeitig vor Ort über die Medien vor der drohenden Abschiebung zu warnen, um so von der Wanderung nach Deutschland abzuhalten. Neuerdings sind viele Länder nachträglich in sichere umgestuft worden, so dass Asyl nicht mehr gewährt wird, auch wenn sich die Flüchtlinge auf die frühere Einstufung verlassen hatten.

Der abrupte Abschied von der Willkommenskultur in Mehrheiten der deutschen Bevölkerung hat die Lage der Zuwanderer noch weiter erschwert. Ein Willkommen, das teilweise nur unter Polizeischutz stattfinden kann, ist keines mehr. Nun muss man damit rechnen, dass mit immer mehr der Zuwanderer, die keinen Arbeitsplatz finden und von öffentlichen Leistungen abhängen, die Stimmung ihnen gegenüber weiter sinken wird. Ärmere deutsche Bevölkerungskreise werden die Konkurrenz der Zuwanderer am Arbeitsmarkt und um öffentliche Leistungen immer mehr zu spüren bekommen und sich entsprechend unfreundlich verhalten. Das gilt umso mehr, falls sich am Ende die Zuwanderer doch in grossem Umfang unterhalb der Mindestlöhne verdingen können und damit erst recht deutsche Arbeitskräfte verdrängen.

Man muss auch die Tätigkeit einiger privater Organisationen ansprechen, die nach Medienberichten mit ihren Schiffen im Mittelmeer nicht nur Menschenleben retten, sondern zugleich durch den Anlockungseffekt in Gefahr bringen. Ein Dutzend Hilfsschiffe aus westlichen Ländern direkt vor der afrikanischen Küste am Rande der 12-Meilen-Zone wirken auf die Flüchtlinge regelrecht wie Magnete. Sie holen einen Grossteil der Migranten von den Booten und bringen sie im Shuttledienst nach Italien. Der SPIEGEL berichtete am 25. Juni, wie das Schiff der Hilfsorganisation Sea-Watch aus Berlin versuchte, noch vor einem libyschen Patrouillenboot an ein Flüchtlingsboot heranzukommen, damit die Flüchtlinge nicht nach Libyen zurückgebracht würden Die EU unterstützt den Aufbau der libyschen Küstenwache mit 200 Millionen Euro, damit die Flüchtlinge zurückbefördert werden. Schleuserbanden setzen inzwischen große Schlauchboote ein, die made in China von chinesische Firmen für ein paar Hundert Euro in Containern nach Libyen geliefert werden. Man kann sie bequem über Alibaba.com ordern. Dort inseriert etwa die Firma Weihai Dafang verschiedene Ausführungen eines Typs mit dem Handelsnamen „Schlauchboot für Flüchtlinge" - bis zu neun Meter lang, mit Platz für „50 bis 60 Personen". Nach Ansicht des Oberstaatsanwalts Carmelo Zuccaro aus Catania arbeiten einige der Hilfsorganisation Hand in Hand mit Schleppern.Die europäische Grenzschutzagentur Frontex sah sich bereits zu Warnungen vor solchen privaten Rettungsversuchen veranlasst.

Verrat an den Interessen der Herkunftsländer

Ebenso schädlich und gegen ihre Interessen ist eine Mega-Migration für die Herkunftsländer. Dazu noch einmal Prof. Collier:

"Aber wir vergessen - neben den Problemen in unseren eigenen Ländern -, dass in den armen Ländern ein Verlust

entsteht, wenn diese Menschen sich auf die Reise machen. Es verzögert in vielen Fällen die Fähigkeit dieser Länder, zu den reicheren Ländern der Welt aufzuschliessen, weil diese Talente als Motor von Fortschritt und Entwicklung fehlen."

Collier auf den Vorhalt des Interviewers, es helfe schliesslich auch den armen Ländern, wenn Menschen in den reichen Ländern zu Wohlstand kämen, Geld zurücküberwiesen und womöglich irgendwann die Familie nachholten:

"Viele argumentieren so. Ich halte das für etwas gedankenfaul. Denn erstens kommen weniger die Bedürftigen zu uns, sondern jene, die über eine vergleichsweise gute Ausbildung und ein wenig Geld verfügen. Zweitens ist es auch in den armen Ländern eine Frage des richtigen Maßes. Es stimmt: Auswanderung kann positive Effekte haben. Aber wenn der Strom zu breit wird, nehmen diese Länder Schaden. In vielen der ärmsten Länder der Erde ist dieser Punkt schon weit überschritten. Diese Länder erleben einen Exodus. Es ist ein Paradox: Einerseits unterhalten wir Entwicklungshilfeprogramme, andererseits akzeptieren wir eine Politik, die diesen Ländern schadet."

Collier macht auch geltend, dass wegen der unkontrollierten Einreise eine Selbstselektion stattgefunden habe. So seien bei Syrern genau die Männer im jüngeren Alter und aus Mittelklasseherkunft aufgenommen worden, die Syrien später am meisten vermissen werde, wenn das Land wieder aufgebaut werden muss.

Es sind in der Tat bettelarme Länder, aus denen die Menschen fliehen oder einfach abwandern, um ein besseres Leben zu suchen. Auf die zehn Hauptherkunftsländer entfallen allein etwas mehr als drei Viertel aller weltweit von UNHCR, der Flüchtlingsorganisation der UN, gezählten Flüchtlinge. Die Hälfte dieser Länder liegt in Afrika (Abb. 19705). Soweit Zahlen vorliegen, beträgt die mit der Bevölkerung gewichtete durchschnittliche Wirtschaftsleistung dieser Länder etwas weniger als 1.000 US$/Jahr. Das vergleicht sich mit 42.000 US$ für Deutschland.

Es war da schon obszön, wie sich Vertreter der Willkommenskultur, besonders auf der Unternehmerseite, eine deutsche Bereicherung durch Flüchtlinge versprachen. Kein Gedanke wurde auf das Schicksal der meist äusserst armen Länder verschwendet, aus denen sie kamen und die nun oft dauerhaft noch schlechter dran sind. Dabei wäre es möglich gewesen, mit besserer internationaler Hilfe sehr viele der Flüchtlinge in den Lagern nahe ihrer Herkunftsländer zu halten, von wo sie nach Ende der Fluchtgründe eher zurückgekehrt wären als aus Deutschland und anderen fernen Ländern (siehe Kapitel 10).

9. Eine Situation, die sich nicht wiederholen darf?

Im Rückblick auf die Migrationsjahre 2015 und 2016, die sie selbst entscheidend mit zu verantworten hat, meinte Merkel beim Parteitag der CDU vom Dezember 2016: *„Dass diese besondere humanitäre Notlage dennoch so bewältigt werden konnte, wie sie bewältigt wurde, dass sie geordnet und gesteuert werden konnte, das wird für immer mit dem Jahr 2015 als herausragende Leistung unseres so starken Landes verbunden sein."* Noch hat sie wohl nicht begreifen wollen, wozu sie da wirklich beigetragen hat. Dass es kein Glanzstück ihrer Politik war, räumte sie immerhin unter dem Druck ihrer Kritiker ein: *„Eine Situation wie die des Spätsommers 2015 kann, soll und darf sich nicht wiederholen."*

Doch die Situation ist da. Und da sie nun da ist, kann sie sich wiederholen, solange eine Einwanderungspolitik mit Höchstkontingenten und einer Beurteilung der Integrationsfähigkeit fehlt. An einer solchen Einwanderungspolitik, wie sie die klassischen Einwanderungsländer haben, führt auch in Deutschland kein Weg mehr vorbei.

Einige in der Bundesregierung wollen schon mal eine Leitkultur definieren, als wenn eine solche Definition die Integration in eben diese Kultur bewirken würde. So definiert der Innenminister de Maizière im Interview mit „Bild am Sonntag" vom 30. April 2017 in schönen Worten einen „Zehn-Punkte-Plan für eine deutsche Leitkultur". Was sollen solche Sprüche eigentlich in einer Gesellschaft, in deren Großstädten Menschen mit Migrationshintergrund bald in Mehrheiten oder jedenfalls äusserst starken Minderheiten leben werden? Ist das nicht schon das Pfeifen einer versagenden Politik in einem immer dunkler werdenden Walde? Da passt sich niemand mehr an irgendwelche von oben definierte Leitkultur an. In Schulklassen mit mehrheitlich aus Schülern mit Migrationshintergrund besetzten Klassen dürfte schon das Erlernen der deutschen Sprache das maximale Ziel der Integration sein, die darüber hinaus kaum eine sein wird. Eine Leitkultur in einem Land, das die Einwanderung nicht mengenmässig auf das begrenzt, was noch integrierbar ist, macht keinen Sinn und dient nur noch der Beruhigung der inzwischen sehr unruhig gewordenen Bürger.

Wie unglaubwürdig die deutsche Politik bei der Immigration immer noch ist, hat sich jetzt wieder bei der Ukraine gezeigt. Hier haben die Innenminister der EU-Länder gerade beschlossen, die Visapflicht aufzuheben. Ukrainer können nun für 90 Tage frei und ohne jede Prüfung einreisen. Doch viele werden sich bei uns für die überlasteten Behörden unauffindbar verkrümeln und schwarz arbeiten, zumal der Stundenlohn in der Ukraine bei nur 8 % dessen in Deutschland liegt.

Mit dem „Nichtwiederholen" von Fehlern wird es ohnehin nicht getan sein. Worum es in Zukunft gehen muß, ist, den Rücktransport von Ausländern und ihren Familien überall dort konsequent und frühzeitig zu organisieren, wo die zum Asyl berechtigende Gefahr im Heimatland nicht mehr besteht. Auch das wird viel Geld kosten, aber am Ende die bessere und allein zukunftsfähige Lösung sein.

Dazu gehört vor allem, die Situation in den Flüchtlingslager rasch und wesentlich zu verbessern (siehe Kapitel 10).

Dazu gehört nicht zuletzt, dass die Einwanderungspolitik in der Europäischen Union wieder zusammengeführt wird, was nur unter Verzicht auf Weiterverteilung von in Deutschland leichtsinnig aufgenommenen Einwanderern möglich sein wird.

10. Einige Lehren für die Zukunft

In der Migrationspolitik sind in den letzten Jahrzehnten viele Fehler gemacht worden, die nicht mehr oder kaum noch oder nur mit riesigem Aufwand korrigierbar sind. Längst korrigiert hat die Bundesregierung ihre Politik völlig offener Grenzen und unkontrollierter Einreise. Vorsichtiger ist sie auch beim Familiennachzug geworden. Abschiebungen will sie beschleunigen, teilweise mit hohen Kosten für die dann notwendigen Unterstützungszahlungen bei freiwilliger Rückkehr. Die Asylgewährung läuft vorsichtiger und mit mehr Ländern, die als „sicher" eingestuft wurden. Was fehlt, ist immer noch eine Einwanderungspolitik mit klaren Regeln, die festlegen, welche Immigranten mit welchen beruflichen Hintergründen Deutschland braucht, und wie vielen darüber hinaus jedes Jahr aus humanitären Gründen Asyl gewährt werden kann und wie lange das geschieht und wie der Familiennachzug aussieht.

Skandinavien wirft die Asyl-Bremsen rein

In der Asylpolitik setzen sich ausgerechnet die bisher sehr liberalen skandinavischen Länder deutlich von Deutschland ab und zeigen damit, wo Korrekturen möglich sind. Schweden, das Ursprungsland der Pro-Asyl-Politik, drosselt den Zustrom an Immigranten. 2016 wurden nur noch knapp 30.000 Flüchtlinge und damit 80 % weniger als im Vorjahr aufgenommen. Aufenthaltserlaubnisse werden auf drei Jahre befristet, bei subsidiär Schutzberechtigten sogar nur für 13 Monate, wobei diese – ausser in besonderen Härtefällen – kein Recht auf Familiennachzug mehr haben. Für Asylsuchende ohne

Papiere ist das Land praktisch dicht. Dänemark will Asylbewerber in Krisensituationen schon an der Grenze abweisen. Flüchtlingen darf künftig Bargeld und Schmuck abgenommen werden, um ihre Unterbringung mitzufinanzieren. Asylsuchende sollen ihren Antrag nicht mehr an der Grenze stellen, sondern bevor sie sich auf die Reise nach Europa machen. Seit 2016 nimmt das Land keine Quotenflüchtlinge mehr auf, zu deren Aufnahme es innerhalb von drei Jahren verpflichtet ist. Eine dauerhafte Aufenthaltsgenehmigung soll künftig erst nach einem Aufenthalt von acht Jahren erteilt werden; bisher waren es sechs Jahre. Ähnlich wie in Schweden wird der Familiennachzug erschwert und die Dauer von Aufenthaltsgenehmigungen verkürzt. Asylbewerber dürfen dann künftig erst nach drei Jahren den Nachzug von Familienangehörigen beantragen, die Bearbeitung kann weitere Jahre dauern. Auch der Nachzug von Ehepartnern soll erschwert werden. War es bisher möglich, nach drei Jahren den Gatten oder die Gattin nachkommen zu lassen, soll dies künftig erst nach elf Jahren möglich sein. Verschärfungen gibt es auch in Norwegen. Dort haben 2016 nur noch weniger als die Hälfte der Zuwanderer eine Aufenthaltsgenehmigung erhalten.

Lebensqualität für die Flüchtlingslager

Die eigentliche Lehre aus der Migrationskrise geht jedoch viel weiter. Nur wenn die Lebensqualität in den meist grenznahen Flüchtlingslagern in Asien und Afrika mit entsprechenden Hilfen der reichen Industrieländer deutlich erhöht wird, lassen sich weitere massenhafte Abwanderungen verhindern. Nur dann werden nicht mehr so viele Menschen ihr Leben bei der gefährlichen Mittelmeerpassage verlieren. Alexander Bets und Paul Collier haben in ihrem schon zitierten neuen Buch „Gestrandet: Warum unsere Flüchtlingspolitik allen schadet - und was jetzt zu tun ist" intensiv an diesem Problem gearbeitet.

Zunächst die Fakten: Die Weltflüchtlingsagentur UNHCR rechnet derzeit mit weltweit 68 Mio. Vertriebenen, darunter 17,2

Mio. Flüchtlinge in der Definition der Flüchtlingskonvention. Das ist mehr als eine Verdoppelung über fünf Jahre (Abb. 19707). Von den Flüchtlingen erreichen etwa 10 % die entwickelte Welt, während 90 % in den ärmeren Ländern der Welt Zuflucht finden. Die meisten dieser Länder grenzen direkt an die konflikt- und krisenbetroffenen Regionen an. Dort leben heute 86 % aller Flüchtlinge. Die 6 Hauptaufnahmeländer (Türkei, Pakistan, Libanon, Iran, Uganda und Äthiopien) beherbergen zusammen über 8 Mio. Flüchtlinge aus anderen Ländern (Abb. 19706). Dabei liegt ihre durchschnittliche mit der Bevölkerung gewogene Pro-Kopf-Wirtschaftsleistung nur bei 3200 US$, verglichen mit 42000 für Deutschland. Im kleinen Libanon kommen auf je 100 Einheimische nicht weniger als 22 Flüchtlinge. Im Ergebnis tragen die Länder mit der geringsten Kapazität zur Hilfe die grösste Belastung.

Die Situation in den riesigen Flüchtlingslagern, die nie für Jahrzehnte geplant waren, ist ziemlich schrecklich. Bets und Collier, die diese Lager besucht haben, beschreiben die Lage im Detail. Flüchtlinge dürfen in der Regel weder im Lager noch ausserhalb im Gastland Arbeit aufnehmen, haben also keinerlei berufliche Perspektive. Nach Schätzungen gibt die Welt für die in die entwickelten Länder geflüchteten 10 % der Flüchtlinge etwa 75 Mrd. Dollar pro Jahr aus, für die 90 % in den Entwicklungsländern zurückbleibenden dagegen nur etwa 5 Mrd. Dollar oder ein Verhältnis pro Kopf der Flüchtlinge von 135 Dollar zu 1 Dollar. Kein Wunder da, dass Viele die gefährliche Reise nach Europa und besonders Deutschland wagen.

Auch Deutschland ist trotz einer starken Aufstockung seines Beitrags zur Welthungerhilfe in 2016 auf 791 Mio. Euro, woraus mit 570 Mio. Euro allein Programme in Syrien und seinen Nachbarländern gestützt werden, immer noch ein bescheidener Geldgeber. Man muß diese Mittel mit der Flüchtlingsrücklage der Bundesregierung für in Deutschland angekommene Flüchtlinge von knapp 19 Mrd. Euro oder dem 24-Fachen vergleichen, um das zu begreifen. Oder anders ausgedrückt: Mit dem deutschen Beitrag entfallen auf jeden der weltweit 17 Mio. Binnen- und Auslandsflüchtlinge gerade einmal 12 Cents pro Kopf und Tag. Insgesamt hatte UNHCR im vergangenen Jahr von allen Geldgebern 4,4 Mrd. US$ an Mitteln verfügbar. Gemessen an den 17 Mio. Flüchtlingen waren das für jeden von ihnen 70 USCents pro Kopf und Tag. UNHCR kann daher nur einen Teil der Flüchtlinge versorgen und viele nicht ausreichend. Für einen syrischen Flüchtling im Libanon beispielsweise braucht UNHCR knapp einen Dollar am Tag, um davon allein Nahrungsmittel zu kaufen.

Sobald syrische Städte vom IS befreit werden, kehren die Geflüchteten ziemlich bald aus den grenznahen Lagern zurück und packen beim Aufbau mit an. Die 10 %, die in den entwickelten Ländern, vor allem Deutschland, Aufnahme gefunden haben, denken dagegen selten an die Rückkehr, obwohl gerade sie meist besonders dringlich gebraucht werden. So wird die deutsche Flüchtlingspolitik der Massenaufnahme auch zu einem ethischen Problem. Es muß also darum gehen, die Lebensqualität in den grenznahen Lagern mit wesentlich höherem Einsatz von Mitteln der reichen Industrieländer möglichst rasch so anzuheben, dass die Menschen dort bleiben können. Einen Eindruck besonders schlechter Zustände vermitteln die auf Seite 105 beigefügten Aufnahmen vom Zeltlager Dadaab in Kenya mit 350.000 Flüchtlingen aus Somalia. Somalia ist seit 2016 in Deutschland auf der Liste der Herkunftsländer mit guter Bleibeperspektive bei 3.000 Asylanträgen in den ersten 5 Monaten 2017.

Nie wieder darf die UN vergeblich um Hilfe bei der Versorgung der Flüchtlingslager rufen. Dringend muss vor allem für Arbeitsplätze in den Lagern gesorgt werden, aber auch mit finanziellen Mitteln der reichen Industrieländer die Arbeitserlaubnis für Flüchtlinge ausserhalb dieser Lager erkauft werden. Es ist nicht zu verstehen, warum all diese zwingenden Lehren aus den Fehlern der Vergangenheit noch immer nicht ausreichend akzeptiert und umgesetzt werden.

Anlage 1: Vergleich der türkischen Immigration mit der aus Ex-Jugoslawien

Die erste fundierte Studie zur türkischen und jugoslawischen Einwanderung hat jetzt das Institut für Migrationsforschung und Interkulturelle Studien (IMIS) der Universität Osnabrück im Rahmen des TIES (The Integration of the European Second Generation) vorgelegt. Dabei handelt es sich um ein international vergleichendes Forschungsprojekt, das sich mit den Nachkommen von Migranten - der so genannten „zweiten Generation" - aus der Türkei, dem ehemaligen Jugoslawien und Marokko beschäftigt. Die Untersuchung wird in acht europäischen Ländern (Österreich, Belgien, Frankreich, Deutschland, Niederlande, Spanien, Schweden und Schweiz) durchgeführt. Die „zweite Generation" umfasst dabei jenen Personenkreis, der im Einwanderungsland der Eltern geboren ist und dort seine gesamte Schulerziehung erhalten hat. Dazu wurden für Berlin und Frankfurt Listen der 18- bis 35-Jährigen von den Einwohnermeldeämtern angefordert und insgesamt 1770 Personen, darunter auch eine Kontrollgruppe mit ethnisch deutschem Hintergrund, interviewt.

Es lohnt sich wirklich, die Ergebnisse der Studie zu beachten. Sie zeigen, wie besonders schwer sich die türkische Gruppe im Verhältnis nicht nur zur deutschen sondern auch zur jugoslawischen Gruppe bei der Integration in Schule, Arbeitsmarkt und Gesellschaft tut.

Probleme in der Schule

Mehr als viermal so viele in der Gruppe männlicher Türken als in der männlicher Deutscher haben ein Klasse in der Grundschule wiederholen müssen und immer noch doppelt so viele als in der Gruppe der männlichen Ex-Jugoslawen (Abb. 19207).

Auffällig ist der grosse Unterschied zwischen den Schulempfehlungen für die Gruppe mit türkischem Migrationshintergrund und der deutschen Kontrollgruppe beim Abschluss der Grundschule, der sich insbesondere bei den Hauptschul- und Gymnasialempfehlungen widerspiegelt. Für die türkische Gruppe ist es dreimal öfters die Hauptschule und nur ein Drittel so oft das Gymnasium (Abb. 19208). Aber auch der Unterschied zur jugoslawischen Gruppe fällt sehr zum Nachteil der türkischen aus.

Der Vorrang der Hauptschulempfehlung soll teilweise an den Migrantenkinder zugeschriebenen mangelnden Sprachkenntnissen oder an einem suggerierten mangelnden Interesse der Eltern an den Schulleistungen liegen. Häufig sollen zudem religiöse Orientierungen oder die Vermutungen über das soziokulturelle Herkunftsmilieu als Begründung bemüht werden, um mögliches späteres Versagen in der weiterführenden Schule vorherzusagen und damit die Empfehlung einer niedrigen Schulform zu rechtfertigen. Nur ein verschwindend geringer Teil (2,2 % der Türken zweiter Generation und 3,4 % der deutschen Kontrollgruppe) besuchte die Realschule trotz Hauptschulempfehlung. So fallen auch die Unterschiede nach Schultyp beim ersten Schulbesuch in der Sekundarstufe sehr deutlich zum Nachteil der türkischen Gruppe aus, wo fast dreimal so viele mit türkischem Hintergrund auf der Hauptschule verbleiben wie bei Schülern mit ethnisch deutschem Hintergrund (Abb. 19209). Die Hauptschule ist im Laufe des letzten Jahrzehnts zu einer „Restschule" geworden, in der der Migrantenanteil oft 60-80 % beträgt. Dementsprechend hat sich das Niveau abgesenkt, und haben sich die Chancen am Arbeitsmarkt für Hauptschulabschlüsse verschlechtert.

In der Sekundarstufe I ist die türkische Gruppe ebenfalls weit häufiger von Klassenwiederholungen betroffen, als es die anderen Gruppen sind (Abb. 19210). Bei den männlichen Schülern sind es 41 % gegenüber nur 19 % bei ethnisch Deutschen.

Der Hauptschulabschluss ist immer weniger geeignet, um zügig in eine berufliche oder vollschulische Ausbildung zu kommen. So befanden sich erst nach 13 Monaten 50 % aller Hauptschulabsolventen in einer Ausbildung, 50 % der Absolventen mit Mittlerer Reife gelang dies jedoch schon nach drei Monaten. Obwohl bei Schulende eine gleiche Anzahl von Jugendlichen mit und ohne Migrationshintergrund eine betriebliche Ausbildung anstrebte, verliefen die Übergangsprozesse für Jugendliche mit Migrationshintergrund nach Dauer und Erfolgsniveau sehr viel ungünstiger: 50 % von ihnen fanden erst nach 17 Monaten - ohne Migrationshintergrund nach 3 Monaten - einen Ausbildungsplatz. Nach zweieinhalb Jahren lag bei ihnen die Übergangsquote bei 60 %, bei den Jugendlichen ohne Migrationshintergrund dagegen bei 77 %. Auch in dieser Hinsicht sind Jugendliche mit türkischem Hintergrund also besonders im Nachteil.

Hoch sind die Zahlen jener, die nach dem Verlassen der Hauptschule weder in eine duale Ausbildung noch in das Übergangssystem eintraten. Schlecht schneidet dabei insbesondere die zweite Generation der Türken ab, geben doch fast die Hälfte an, weder eine weitere Schule besucht noch eine Berufsausbildung absolviert zu haben. Im Unterschied dazu bewegen sich die Zahlen der anderen beiden Gruppen bei ca. einem Viertel (Abb. 19211).

Gefühle der Diskriminierung

Auch fühlen sich Personen aus der türkischen Gruppe besonders oft in der Schule diskriminiert. Jeder dritte Befragte der Türken zweiter Generation in Berlin gibt an, sich in der Schule im entsprechenden Alter nicht akzeptiert gefühlt zu haben; bei der Gruppe mit jugoslawischer Herkunft ist dies nur ein Fünftel und damit 15 % weniger. In Frankfurt sind die Unterschiede grösser, hier geben 43 % der Befragten mit türkischem Migrationshintergrund, aber nur 15 % der Jugoslawen zweiter Generation an, sich nicht akzeptiert gefühlt zu haben.

In Verbindung mit den Angaben der Befragten zum Migrationshintergrund der Mitschüler ergibt sich eine eindeutige Tendenz: Je mehr Schüler mit Migrationshintergrund eine Klasse besuchten, desto weniger fühlten sich die Befragten in ihrer Klasse akzeptiert (ca. 45 % der Türken zweiter Generation aus Klassen mit ungefähr der Hälfte an Schülern mit Migrationshintergrund und ca. 85 % der Türken aus Klassen mit einem Anteil von mehr als 75 % geben an, sich in der Schule eher nicht akzeptiert gefühlt zu haben). Verursacher dieser negativen Erfahrungen waren in der Mehrheit die Mitschüler der Befragten.

Schlechte Schulabschlüsse

Im Ergebnis dieser Misserfolge hat jeder Zweite der Probanden mit türkischem und mehr als ein Drittel jener mit jugoslawischem Migrationshintergrund nur einen Hauptschulabschluss oder sogar weniger erworben. Der familiäre Kontext ist neben der Schule der zentrale „Begleitkontext", aus dem heraus Kinder und Jugendliche die Schule und damit individuelle und institutionelle Herausforderungen bewältigen. Mitentscheidend sind dabei die Bildungshintergründe der Eltern und die Unterstützungen in der Schule durch das familiäre Umfeld. Schüler mit Migrationshintergrund kombinieren

gegebenenfalls Nachteile, wie sie aus der Migration resultieren können, mit solchen, die aus sozialer Schichtzugehörigkeit entstehen,
wie dies etwa die Situation der zweiten und oft auch schon dritten
Generation der sogenannten „Gastarbeiter" der 1960er und 1970er
Jahre zu kennzeichnen scheint.

Mitentscheidend: Bildungshintergründe der Familien

Türkische Eltern haben einen besonders schlechten Bildungshintergrund, wobei nur 26,6 % der Männer und 17,9 % der Frauen
einen berufsqualifizierenden Bildungsabschluss besitzen (Abb. 19213).
Die schlechte Bildung der Eltern vererbt sich auf die Kinder der zweiten Generation, obwohl die in Deutschland aufgewachsen sind.

Mehr als 70 % der Mütter der Befragten türkischer Herkunft
beispielsweise sind nie oder nur sehr kurz zur Schule gegangen und
können daher auf der ISCED-Skala der ersten oder zweiten Stufe
zugeordnet werden. Die Mütter der Befragten mit jugoslawischem
Hintergrund dagegen gehören mehrheitlich (über 60 %) dem zweiten
ISCED-Niveau an und verfügen damit zumindest über eine basale
Schulausbildung; knapp ein Viertel erreicht die dritte ISCED-Stufe.
Ähnlich stellt sich die Situation der Mütter der deutschen Kontrollgruppe
dar: Gut 55 % haben eine grundlegende Schulbildung, was dementsprechend bedeutet, dass knapp 45 % über eine Berufsausbildung,
einen höheren Schulabschluss oder eine Hochschulausbildung verfü-
gen. Die Unterschiede zwischen den Gruppen der Mütter der Befragten sind somit eklatant, die Gruppengrössen auf den einzelnen ISCED-
Stufen sehr unterschiedlich. Kinder von türkischen Müttern mit wenig
Schulbildung (ISCED 0-1) gehen eher auf die Hauptschule (40 %)
denn auf das Gymnasium (9 %), Kinder von türkischen Müttern mit
mittlerer Schulbildung (ISCED 2 und 3) dagegen besuchten zu einem
Drittel das Gymnasium und weniger die Hauptschule (ISCED 2: 21
%; ISCED 3: 5 %).

Die türkischen Väter fallen bei der Hausaufgabenhilfe für ihre
Kinder, vor allem für ihre Söhne, fast völlig aus (Abb. 19212). Umso
mehr sind die Kinder auf ihre Mütter angewiesen, die allerdings wegen ihres schlechten Bildungshintergrundes ebenfalls wenig helfen
können. Über die Hälfte der befragten Türken zweiter Generation gibt
an, kaum bis gar keine Unterstützung bekommen zu haben.

Mit Aufgaben im elterlichen Haushalt wurde nur jeder fünfte der Befragten betraut, mit Ausnahme der türkischen Frauen, die doppelt so häufig wie alle anderen Befragten von ihren Eltern zu Hause eingespannt wurden. Dies spiegelt die traditionelle Rollenverteilung in türkischen Familien wieder, die auch schon bei der Elterngeneration zum Vorschein kam: Viele türkische Mütter reisten im Rahmen von Heiratsmigration nach Deutschland ein und waren zum Zeitpunkt der Erhebung Hausfrauen. Diese Rolle scheinen sie auch an ihre Töchter weitergegeben zu haben, indem sie ihnen doppelt so häufig Aufgaben im elterlichen Haushalt übertrugen wie ihren Söhnen.

Die Folgen am Arbeitsmarkt

Im Ergebnis schlechter Schuldbildung der Eltern und schlechter eigener sammelt sich ein hoher Anteil der Menschen mit türkischem Hintergrund in der Arbeitslosigkeit oder im Niedrigstlohnsektor an. Nach dem Mikrozensus von 2013 lebte nur ein Drittel der Menschen mit türkischem Hintergrund überwiegend von eigener Arbeit, verglichen mit 45 % bei Menschen ohne Migrationshintergrund.

Nach der Befragung der zweiten türkischen Generation stehen hier nur knapp 73 % und damit signifikant weniger als in den anderen beiden Gruppen aktiv dem Arbeitsmarkt zur Verfügung. Auch bei der Arbeitslosenquote zeigen sich Unterschiede zwischen den Gruppen, insbesondere zwischen der türkischen zweiten Generation und den beiden anderen und besonders bei denen unter 25 Jahren. In der Gruppe der Befragten türkischer Herkunft existiert eine Jugendarbeitslosenquote von 17,6 %, bei den Jugoslawen zweiter Generation sind dies 12,5 % und in der deutschen Kontrollgruppe 14,3 %.

Soweit die Befragten mit abgeschlossener Ausbildung und Erwerbstätigkeit ein Einkommen angeben, liegt es nur bei 18,6 % der türkischen Gruppe über 1.500 Euro pro Monat gegenüber 28,3 % der jugoslawischen Gruppe und 36 % der deutschen Kontrollgruppe. Die Armutsgrenze liegt in Deutschland bei zwei Erwachsenen mit zwei Kindern unter 14 Jahren bei 2.072 Euro und für eine alleinstehende Person bei 987 Euro. Sehr viele Türken der zweiten Generation dürften also unter oder nahe der Armutsgrenze leben. Die hohe Inaktivenrate der Befragten türkischer Herkunft mit einem Abschluss auf ISCED-2-Niveau setzt sich zu mehr als 70% aus Personen zusammen, die Kinder betreuen oder Tätigkeiten im Haushalt ausführen. Viel geringer ist dieser Anteil bei den Türken zweiter Generation mit höheren Bildungsabschlüssen, wo er bis auf 7,1 % fällt.

Identifikation mit Deutschland, Rolle der Religion, Segregation

Das Gefühl, eher deutsch zu sein, ist selbst in der zweiten Generation nur bei einer Minderheit der Türken stark ausgeprägt (Abb. 19214), bei religiösen türkischen Muslimen sogar nur bei 42 %. Dabei sieht nur etwa ein Drittel der Türken die Beziehungen zu Deutschen als „eher freundlich" an (gegenüber 53 % bei den Jugoslawen).

Auch wird Deutsch im Gespräch mit dem häuslichen Partner nur von einer Minderheit der Türken gebraucht. Nur 14 % der Männer und knapp 10 % der Frauen gaben einen deutschen Partner an (gegenüber 53 % bzw. 56 % bei den Jugoslawen). Die ethnische Durchmischung ist also auch in der zweiten Generation bei den Türken sehr gering ausgeprägt.

Die Identifikation mit dem Islam ist bei 67 % der Türken nach eigenen Angaben stark. 82 % der gläubigen Muslime fühlen sich persönlich gekränkt, wenn ihre Religion kritisiert wird, im Gegensatz zu 47 % der Christen jugoslawischer und 39 % der Christen deutscher Herkunft. Immerhin 23 % der gläubigen türkischen Muslime zweiter Generation sind der Meinung, dass Religion die einzige und ultimative politische Autorität sein sollte, im Gegensatz zu 6 % der bekennenden Christen unter den befragten Jugoslawen zweiter Generation und 7 % unter den Probanden deutscher Herkunft. Die Religion kann damit leicht zu einem Hindernis bei der Integration der türkischen Muslime werden.

Erfahrungen mit Feindseligkeiten und ungleicher Behandlung aufgrund von Herkunft haben nach eigenen Angaben 77 % der Türken, 51 % der Jugoslawen und 23 % der Deutschen gemacht.

Auch die zweite Generation der Türken in Deutschland lebt noch sehr stark in eigenethnischen Wohnvierteln der deutschen Großstädte (Abb. 19215) und sehr viel stärker als beispielsweise die Gruppe der Ex-Jugoslawen.

Nur 59 % der Türken, aber 77 % der Jugoslawen schliessen aus, in das Herkunftsland ihrer Eltern auszuwandern, auch das ein Zeichen für Grenzen in der Integration der Türken selbst in der zweiten Generation.

Anlage 2: Gutachten von drei Staatsrechtlern zur deutschen Flüchtlingspolitik

Professor Dr. iur. Dr. sc. pol. Udo Di Fabio, Richter des Bundesverfassungsgerichts a. D., Direktor des Instituts für Öffentliches Recht (Abteilung Staatsrecht) der Rheinischen Friedrich-Wilhelms-Universität Bonn: „Migrationskrise als föderales Verfassungsproblem" - Auszug:

6. Der Bund darf zur Sicherung der Staatsgrenzen Hoheitsrechte auf die Europäische Union übertragen, bleibt aber im Falle des nachweisbaren Leistungsverlusts europäischer Systeme in der Gewährleistungsverantwortung für die wirksame Kontrolle von Einreisen in das Bundesgebiet. Der Bund ist aus verfassungsrechtlichen Gründen im Sinne der demokratischen Wesentlichkeitsrechtsprechung nach dem Lissabon-Urteil des BVerfG verpflichtet, wirksame Kontrollen der Bundesgrenzen wieder aufzunehmen, wenn das gemeinsame europäische Grenzsicherungs- und Einwanderungssystem vorübergehend oder dauer-haft gestört ist.

7. Das Grundgesetz garantiert jedem Menschen, der sich auf dem Gebiet der Bundesrepublik Deutschland befindet und ihrer Herrschaftsgewalt unterworfen ist, eine menschenwürdige Behandlung (Art. 1 Abs. 1 GG). Das Grundgesetz garantiert jedoch nicht den Schutz aller Menschen weltweit durch faktische oder rechtliche Einreiseerlaubnis. Eine solche unbegrenzte Rechtspflicht besteht auch weder europarechtlich noch völkerrechtlich. Entsprechende unbegrenzte Verpflichtungen dürfte der Bund auch nicht eingehen. Eine universell verbürgte und unbegrenzte Schutzpflicht würde die Institution demokratischer Selbstbestimmung und letztlich auch das völkerrechtliche System sprengen, dessen Fähigkeit, den Frieden zu sichern, von territorial abgrenzbaren und handlungsfähigen Staaten abhängt.

8. Art. 16 a GG gewährt Asyl bei politischer Verfolgung, soweit nicht die Einreise über einen sicheren Drittstaat erfolgt. Darin liegt nach dem Asylkompromiss eine Verfassungsentscheidung für den Ausgleich eines Individualrechts mit Stabilitäts- und Leistungserfordernissen des demokratischen Gemeinwesens.

Auszug aus einem Vortrag Prof. Dr. Dres. h.c. Hans-Jürgen Papier Präsident des Bundesverfassungsgerichts a.D. anlässlich der 157. Tagung, März 2016, der Johanniter-Arbeitsgemeinschaft für Gegenwartsfragen in Norddeutschland

VI. 1. Lassen Sie mich zum Abschluss noch einige Worte zur aktuellen Situation im Bereich der Asyl- und Migrationspolitik sagen. Noch nie ist in der rechtsstaatlichen Ordnung der Bundesrepublik Deutschland und der Europäischen Union das Zusammentreffen von Recht und Wirklichkeit in solch kritischen Umfang zu Lasten der Herrschaft und Durchsetzung des Rechts ausgegangen wie auf diesen Politikfeldern. Die Gründe dafür sind vielfältiger Natur. Der naheliegendste Grund ist, dass das bislang geltende Recht sich schlicht als untauglich erweist, den Massenansturm an Flüchtlingen und Migranten auch nur halbwegs zu bewältigen. Der immer wieder zu hörende Ruf nach der Rückkehr zum Recht dürfte daher wegen seiner intellektuellen Schlichtheit zur Problembewältigung nicht reichen.

2. Das geltende Flüchtlingsrecht ist höchst kompliziert. Das gilt schon für die nationale Ebene, erst Recht aber aufgrund des Zusammenwirkens von unionsrechtlichen und deutschen Rechtsnormen. Treten auf der Ebene des Unionsrechts Defizite zu Tage, verfällt auch das nationale Recht insoweit der Unbrauchbarkeit bzw. Dysfunktionalität. Das gilt beispielsweise für den Regelungskomplex der sog. sicheren Drittstaaten. Mit der Grundgesetzänderung von 1993 und der Schaffung des Art. 16a GG wollte der verfassungsändernde Gesetzgeber eine Grundlage für eine europäische Gesamtregelung der Schutzgewährung für Flüchtlinge schaffen, um eine Lastenverteilung zwischen den europäischen Staaten zu ermöglichen. Er hat im Art. 16a Abs. 2 GG den persönlichen Geltungsbereichs des Asylgrundrechts ganz erheblich eingeschränkt. Wer aus einem sicheren Drittstaat im Sinne des Art. 16a Abs. 2 S. 1 GG anreist - dazu zählen alle Mitgliedsstaaten der Europäischen Union - geniesst nicht den Schutz des Asylgrundrechts, weil er in einem Drittstaat Schutz vor politischer Verfolgung hätte finden können. Bei einer Einreise aus einem sicheren Drittstaat - und das ist bei einer Einreise nach Deutschland auf dem Landwege ausnahmslos der Fall - kann der Ausländer sich gem. Art. 16a Abs. 2 S. 1 GG mithin nicht auf das Asylgrundrecht

berufen, er hat deshalb auch keinen Anspruch auf Durchführung eines Verfahrens zur Feststellung, ob er Inhaber des Grundrechts aus Art. 16a Abs. 1 GG ist, und demzufolge auch kein vorläufiges Bleiberecht als Vorwirkung des grundrechtlichen Schutzes. Der Gesetzgeber kann daher nach der Rechtsprechung des Bundesverfassungsgerichts vorsehen, dass die Aufenthaltsbeendigung in den sicheren Drittstaat unmittelbar durchgeführt wird.

3. In diesem Kontext kommt die sog. Dublin- III - Verordnung der Europäischen Union ins Spiel. Innerhalb der Europäischen Union ist in der Regel der Mitgliedsstaat für das Asylverfahren zuständig, den der Flüchtling zuerst betreten hat. Seit der sog. Osterweiterung der Europäischen Union im Jahre 2004 hat Deutschland keine EU-Aussengrenzen mehr. Niemand kann auf dem Landwege nach Deutschland gelangen, ohne dass er zuvor durch einen anderen Mitgliedsstaat der Europäischen Union gekommen ist, der für das Asylverfahren nach EU- Recht an sich zuständig ist.

Von dieser Regelung gibt es freilich Ausnahmen: Deutschland ist beispielsweise zuständig, wenn bereits ein enger Familienangehöriger in Deutschland lebt oder wenn Deutschland dem Flüchtling ein Visum oder eine Aufenthaltserlaubnis zuvor erteilt hat. Ausserdem gewährt das EU- Recht dem Mitgliedsstaat ein Recht zum Selbsteintritt, Deutschland beispielsweise darf freiwillig das Asylverfahren auch in solchen Fällen durchführen. Da ein solcher Selbsteintritt unionsrechtlich nur möglich, keinesfalls aber rechtlich geboten ist, können insoweit selbstverständlich auch Obergrenzen für den Selbsteintritt festgelegt werden, die den begrenzten Möglichkeiten der Aufnahme in der Gesellschaft Rechnung tragen.

4. Aber das gesamte Regelungssystem der Drittstaatenlösung hat eine fast zur Obsoleszenz führende Störung erfahren: Die als Erstzutrittsländer in Betracht kommenden Mitgliedsstaaten sind aufgrund des Ausmasses der Zuwanderung in die Europäische Union schon seit geraumer Zeit ersichtlich total überfordert. Notwendige sachliche, personelle und finanzielle Hilfen der anderen Mitgliedsstaaten, einschliesslich Deutschlands, aber auch der Europäischen Union selbst, erfolgten lange Zeit jedenfalls nicht in hinreichendem Masse. Von europäischer Solidarität, gerade auch von deutscher Seite, konnte also schon immer keine Rede sein.

Insbesondere Italien und Griechenland gingen daher dazu über, die Flüchtlingsströme einfach unkontrolliert weiterziehen zu lassen, was die Mitgliedsstaaten Mittel- und Nordeuropas, also die endgültigen Aufnahmestaaten, lange Zeit klag- und reaktionslos hingenommen haben. Wenn jetzt eine Wende erfolgen sollte, ist das unter dem Aspekt der Europarechtstreue nur zu begrüssen.

Allerdings muss festgehalten werden: Das damals gut ausgefeilte und wohl auch gut gemeinte Regelungssystem der sicheren Drittstaaten, mit seiner unionsinternen Zuständigkeitsverteilung und der grundgesetzlichen Reduktion des Asylgrundrechts im Art. 16a Abs. 2 GG, für Deutschland übrigens eine sehr bequeme und komfortable Lösung, ist sehenden Auges und leichtfertig über Jahre aufs Spiel gesetzt und einer schleichenden Dysfunktionalität und Obsoleszenz überlassen worden. Man hat es hingenommen, dass der Mechanismus aus Drittstaatenregelung und Dublin- III faktisch zusammengebrochen und wirkungslos geworden ist, ohne ein neues, sachgerechtes und zwischen der nationalen und europäischen Regelungsebene abgestimmtes Rechtsregime rechtzeitig in der Hand zu haben.

5. Es kommt hinzu, dass sich das deutsche Asylrecht im Laufe der Jahre zu einem „Asylbewerberrecht" (Kai Hailbronner) entwickelt hat. Die beklagenswerte Dauer der Asylverfahren, die mit der vorläufigen Gestattung verbundenen Gewährungen und Leistungen, aber auch der Umstand, dass bislang auch nach zeitaufwendig durchgeführter Prüfung und Antragsablehnung selten eine wirkliche Ausreise oder gar eine Abschiebung erfolgte, haben faktisch dazu geführt, dass die Unterscheidung von blosser Asylantragsstellung und materiellem Flüchtlingsstatus mit gesichertem Aufenthaltsrecht immer mehr verblasste. Berücksichtigt man ferner den Umstand, dass faktisch die sicheren Drittstaaten in der EU nach dem Zusammenbruch des Dublin-III-Mechanismus weitgehend zu Transitstaaten geworden sind, ist eine Wahlfreiheit für das jeweilige Wunschland des Asyls hinzugetreten. Deutschland ist zunehmend in die prekäre Lage geraten, in der EU mehr oder weniger einziges Zielland zu sein, während sich alle anderen Staaten allenfalls als Transitländer gerieren. Das hat mit der ursprünglichen europäischen Asylrechtsordnung nichts mehr zu tun.

6. Es gibt in der Flüchtlingspolitik sicher nicht den Königsweg. Es ist auch richtig, wenn die Notwendigkeit betont wird, die eigentlichen Ursachen der gegenwärtigen Flüchtlingsbewegungen zu beseitigen, also vor allem die Kriege und Bürgerkriege in den Krisenregionen

des Nahen Ostens, den zunehmenden Zerfall geordneter Staatlichkeit dort und die Okkupation der öffentlichen Gewalt durch verbrecherische Organisationen zu beenden. Wichtig wäre auch, die notwendigen Lösungswege europaweit und unionsrechtlich geregelt zu gehen. Ein einheitlicher europäischer Asylraum mit einem einheitlichen unionsrechtlichen Asyl- und Asylverfahrensrecht, ausgestattet mit zwingenden Zuständigkeitsregelungen, Verteilungsquoten und einheitlichen materiellen Standards des Asyl- und Aufenthaltsrechts im Gesamtgebiet der Europäischen Union wäre zweifelsohne optimal. Allerdings kommt die nationale Politik selbst nicht umhin, Handlungsoptionen zu entwickeln und notfalls durchzusetzen, wenn wegen des unüberwindlichen Widerstands anderer Unionsstaaten dies alles eine Wunschvorstellung bleibt. Es ist nicht gerade Ausdruck von Handlungs- und Steuerungsfähigkeit der Politik, wenn man immer wieder nutzlos und ergebnislos jene europäische Einheitslösung beschwört. Solche Forderungen immer wieder geltend zu machen und durchzusetzen zu versuchen, ist sicher nicht falsch. Das entbindet die nationale staatsleitende Politik aber nicht von ihrer zentralen Verpflichtung, rechtzeitig und gleichzeitig möglichen Gefährdungen der verfassungsstaatlichen Souveränität, Identität und Funktionsfähigkeit, der Rechts- und Sozialstaatlichkeit, ja der durch die Grundrechte unserer Verfassung geschützten Werteordnung zu begegnen, die durch eine dauerhafte, unlimitierte, unkontrollierte und unreglementierte Migration in einem noch nie dagewesenen Ausmass nach Deutschland entstehen können. Dauerhaft den Finger auf andere zu zeigen, mag politisch bequem sein, ist aber keine verantwortungsvolle Politik.

7. In Deutschland sind viele geneigt, den Gedanken der Humanität, Barmherzigkeit und der Nächstenliebe allen juristischen Argumenten entgegenzusetzen. Dies ist sicherlich ehrenhaft und löblich. Gleichwohl möchte ich Wert auf die Feststellung legen, dass im Rechts- und Verfassungsstaat nur die rechtlich geordnete und rechtlich gesteuerte Humanität einen Platz hat. Ohne einen funktionsfähigen Staat, der sein Gewaltmonopol in rechtsstaatlicher Ordnung und Einhegung durchzusetzen willens und in der Lage ist, sind die Grund- und Menschenrechte, aber auch physische und soziale Sicherheit der Bürger auf Dauer nicht gewährleistet. Ich kann mich nur den Bemerkungen des Bundespräsidenten anschliessen, der rechtlich geregelte Begrenzungen der Zuwanderungen ausdrücklich als nicht unethisch, ja als ethisch gefordert bezeichnet hat, insbesondere wenn

---

und soweit sie für die Akzeptanz der Bevölkerung unerlässlich sind. Ohne eine solche überwiegende Akzeptanz sind der innere Friede und die innere Einheit in diesem Land, aber auch der innere Zusammenhalt der Europäischen Union ernsthaft gefährdet. Hier geht es ebenso wie bei der Integrität der rechtsstaatlichen Ordnung um Verfassungswerte von höchstem Rang.

Prof. Dr. iur. Karl Albrecht Schachtschneider: „Verfassungswidrige Einwanderung von Flüchtlingen nach Deutschland, Ein Überblick über die Rechtslage" - Auszüge:

Öffnung Deutschlands für Flüchtlinge gegen das Recht

Man lässt dennoch die Fremden ins Land, wenn sie das Wort „Asyl" oder „Flüchtling aus Syrien" sagen. Die Grenzen sind nicht gesichert, und die Grenzbeamten sind überfordert. Das Deutschland der europäischen Integration versagt in der wichtigsten Aufgabe des Staates, der Abwehr der Illegalität. Der Aufenthalt der Flüchtlinge in Deutschland ohne Asylrecht und ohne subsidiäres Schutzrecht ist illegal. Man muss die Fälle der Eindringlinge bearbeiten, um wegen der schutzrechtlichen Ausnahmen die Anwendbarkeit der Rechtsgrundlage für die jeweilige Abschiebeverfügung zu prüfen. Das dauert lange, kostet wegen des langen Aufenthalts der Bewerber immenses Geld und führt doch in den allermeisten Fällen zur Abweisung der Asylanträge und zu Abschiebeanordnungen, wenn die Fremden nicht aus eigenem Antrieb das Land verlassen. Aber die sogenannten Flüchtlinge haben den begehrten Zugang nach Deutschland gefunden, bleiben lange im Land, bekommen nach dem Asylbewerberleistungsgesetz gemäss dem menschenwürdegerechten Mindestbedarf ausreichende Hilfe, auch uneingeschränkte und insbesondere unbezahlte Krankenversorgung (grundlegend Bundes-verfassungsgericht, Urteil vom 18. Juli 2012, BVerfGE 132, 134 ff.). Sie bleiben in den meisten Fällen dauerhaft in Deutschland, weil sie entgegen ihrer Pflicht nicht wieder in ihr Heimatland zurückkehren oder in ein anderes Land ausreisen. Die Abschiebung wird wegen der weit formulierten und noch weiter gehandhabten Schutzvorschriften gegen Abschiebungen eher selten verfügt und wenn sie verfügt und gerichtlich unangreifbar geworden ist, werden die „Flüchtlinge" aus mancherlei Gründen, etwa weil das winterliche Klima im Heimatland dem entgegensteht, etwa in Pakistan, einem der heissesten Länder des Globus, durch Duldungsanordnung der Länder, so im Freistaat Thüringen, unterbunden, eindeutig entgegen dem Rechtsstaatsprinzip und zudem auf rechtsstaatlich brüchiger Grundlage nach § 60 a Aufenthaltsgesetz. Die Anwesenheit der vermeintlich subsidiär Schutzberechtigten, meist aus Syrien, wird nicht einmal als illegaler Aufenthalt behandelt. Die Syrer, ob sie es sind oder nicht, werden vielmehr von vielen wohlmeinenden Menschen willkommen geheissen.

Verfassungswidrigkeit der „humanitären" Duldung

Das Zuwanderungsgesetz vom 30. Juli 2004, das in Art. 1 das neue Aufenthaltsgesetz enthält, ist kompromisshaft. Erst der Vermittlungsausschuss hat die Vorschrift des § 60 a Abs. 1 AufenthaltsG in das Aufenthaltsgesetz gedrängt. Das Gesetz fördert Bleibemöglichkeiten von Ausländern, ohne als ein Einwanderungsgesetz strukturiert zu sein. Ausdruck der Kompromisshaftigkeit ist insbesondere § 60 a Abs. 1 AufenthaltsG. Die Formel von den „humanitären Gründen" ist nicht neu. Sie stand auch schon im alten Ausländergesetz und vermochte eine Aufenthaltserlaubnis zu rechtfertigen. Jetzt ermöglicht diese Vorschrift einem Land die zeitlich begrenzte Duldung von Ausländern trotz deren illegalen Aufenthalts in Deutschland.

§ 60 a Abs. 1 AufenthaltsG ermächtigt aber nicht zum Erlass von Rechtsverordnungen. Nach Art. 80 Abs. 1 GG kann der Bund ausser die Bundesregierung und Bundesminister nur eine Landesregierung zum Erlass von Rechtsverordnungen ermächtigen, nicht aber Landesminister.

Es ist mit der Rechtsstaatlichkeit eines unitarischen Bundestaates unvereinbar, wenn ein Land ermächtigt wird, die Ausführung von Bundesrecht auf Grund einer Rechtsverordnung als einem materiellen Gesetz auszusetzen. Eine Rechtsverordnung kann nur die Ausführung eines Gesetzes näher regeln. Wenn sie die Ausführung des Bundesrechts aussetzt, hebt sie die Rechtsfolge des Gesetzes auf. Gesetzesersetzende oder gesetzesverändernde Rechtsverordnungen sind demokratie- und rechtsstaatswidrig. Nach Art. 84 Abs. 3 GG kommt nur eine Ausführung der Bundesgesetze in Frage, die den Gesetzen genügt. Davon kann auch der Bund die Länder nicht suspendieren. Der Aufenthalt der Ausländer, die kein Recht zum Aufenthalt in Deutschland haben, ist illegal und bleibt illegal, auch wenn die Abschiebung auf Grund einer Anordnung nach § 60 a AufenthaltsG ausgesetzt ist. Nach § 60 a Abs. 3 AufenthaltsG bleibt darum die Ausreisepflicht des Ausländers, dessen Abschiebung ausgesetzt ist, unberührt.

Mit Zustimmung des Bundesministeriums des Innern kann die oberste Landesbehörde auf Grund der § 60 a Abs. 1 S. 2 und § 23 AufenthaltsG sogar Aufenthaltserlaubnisse für unbegrenzte Zeit zu erteilen anordnen. Sie kann diese Aufenthaltserlaubnis von einer Verpflichtungserklärung gemäss § 68 AufenthaltsG zur Übernahme der Kosten für den Lebensunterhalt (etwa durch Kirchen oder Private) abhängig machen. Das ermöglicht ungeordnete Einwanderungen, weil weder die Länder noch der Bund nach diesen Vorschriften Einzelfälle etwa nach dem Bedarf Deutschlands entscheiden, vielmehr nur nach Heimatstaaten oder besonderen Gruppen unterscheiden dürfen.

Deutschland nach seiner Verfassung kein Einwanderungsland

Die (durchaus brüchige) Politik dieser gesetzlichen Vorschriften ist von der Maxime getragen, dass Deutschland ein „Einwanderungsland" sei. Deutschland ist faktisch ein Einwanderungsland, aber nicht dem Verfassungsgesetz und den Gesetzen nach. Seit gut zwei Jahrzehnten wird von einigen politischen Akteuren propagiert, Deutschland sei ein Einwanderungsland und brauche Einwanderer als Arbeitskräfte jetzt und vor allem wegen der Schrumpfung und Alterung der Bevölkerung in Zukunft, während zuvor jahrzehntelang das Gegenteil die allgemeine Auffassung war. Fraglos können die Deutschen ihre Aufgaben alleine bewältigen. Die internationalen Unternehmen haben aber Interesse an billigen Arbeitskräften am Industriestandort Deutschland.

Es gibt kein Gesetz, das Deutschland zum Einwanderungsland erklärt, und es gibt erst recht keine dahingehende Verfassungsbestimmung. Im Gegenteil ist nach dem Grundgesetz das „Deutsche Volk" oder das „deutsche Volk" (Präambel, Art. 1 Abs. 2 bzw. Art. 146, auch argumentum aus Art. 20 Abs. 4) zu dem Staat Bundesrepublik Deutschland verfasst. Solange nicht eine neue Verfassung des Deutschen Volkes Deutschland zum Einwanderungsland erklärt, ist der nationale Charakter der Bundesrepublik Deutschland nicht beendet. Weder der verfassungsändernde Gesetzgeber noch gar der einfache Gesetzgeber kann diese Entscheidung treffen, weil Art. 1 und Art. 20 GG nicht zur Disposition der Staatsorgane stehen. Das stellt Art. 79 Abs. 3 GG klar. Das Land, nämlich „Deutschland", das auch, aber nicht nur, eine geographische Bedeutung hat, ist das Land der Deutschen, des deutschen Volkes. Über dessen Bevölkerung haben ausschliesslich die Deutschen zu entscheiden. Grosse Änderungen des Volkes bedürfen der unmittelbar demokratischen Zustimmung des deutschen Volkes, das allein Deutschland zum Einwanderungsland umwandeln kann. Gemäss Art. 146 GG kann somit nur das deutsche Volk, das durch Referendum entscheiden müsste, Deutschland zum Einwanderungsland umwandeln.

Eine Einwanderungspolitik, die sich hinter dem Begriff „humanitäre Gründe" verbirgt, ist somit mit dem Grundgesetz unvereinbar.

Moralismus überwuchert Recht

Viele, wenn nicht die meisten Fremden bleiben dauerhaft in Deutschland. Vielen Moralisten sind sie eine Bereicherung. Es werden allein in diesem Jahr 800.000 Fremde und mehr erwartet, von denen die meisten sich als Einwanderer verstehen, die nicht nur vorübergehenden Schutz vor Gefahren für ihr menschenwürdiges Dasein suchen, wie das dem Asylrecht entspricht. Sie suchen ein gutes Leben. Zunehmend setzt sich der Moralismus, nicht zu verwechseln mit der Moralität als Triebfeder der Sittlichkeit, gegen das Recht durch, selbst, wie dargelegt, gegen das Verfassungsrecht. „Politik ist ausübende Rechtslehre", sagt Kant. Der Rechtsstaat ist demgemäss die Wirklichkeit des Rechts. Es gibt keine Moralität gegen das Recht. Das Prinzip der Sittlichkeit, das Sittengesetz, ist die Pflicht, das Recht zu verwirklichen. Nicht jedes Gesetz ist im positivistischen Sinne schon Recht, aber die Gesetze müssen geachtet werden, solange sie nicht geändert sind. Moralität ist der gute Wille, das Rechtsprinzip zu verwirklichen, in allem Handeln. Wenn sich alle Bürger dessen befleissigen, geht es dem Gemeinwesen gut, sonst nicht. Der Moralismus ist eine Form der Rechtlosigkeit. Seine Maxime ist gegenwärtig der Egalitarismus. Moralismus ist das Gegenteil von Humanität und führt in den Bürgerkrieg.

Sicherheit und Ordnung sittlicher Primat des Staates

Sicherheit und Ordnung verlangen gebieterisch, dass die illegale Fluchtbewegung nach Deutschland mit allen Mitteln, die dem Rechtsstaat zur Verfügung stehen, unterbunden wird. Notfalls müssen Zäune errichtet werden. Die Lage in den grenznahen Ländern erfüllt den Tatbestand des Art. 35 Abs. 2 S. 1 GG, der es rechtfertigt, dass ein Land „zur Aufrechterhaltung oder Wiederherstellung der öffentlichen Sicherheit und Ordnung Kräfte und Einrichtungen des Bundesgrenzschutzes zur Unterstützung seiner Polizei anfordert". Die Souveränität des Volkes verbietet es, die Verantwortung für die Sicherheit und Ordnung aus der Hand zu geben. Staatsorgane, die Sicherheit und Ordnung vernachlässigen, verlieren ihre Berechtigung, insbesondere verwirken sie das Recht, das (sogenannte) Gewaltmonopol des Staates auszuüben. Sicherheit ist die Rechtlichkeit im Gemeinwesen nach Massgabe der Gesetze. Ordnung ist darin eingeschlossen. Illegaler Aufenthalt von Fremden kann unter keinen Umständen geduldet werden, schon gar nicht, weil das Schutzrecht international und national humanitären Maximen genügt. Die Bürger müssen sich, wenn es ihr Staat nicht tut, selbst um ihre Sicherheit und um die Ordnung des Gemeinwesens kümmern. „Gegen jeden, der es unternimmt, diese Ordnung zu beseitigen, haben alle Deutschen das Recht zum Widerstand, wenn andere Abhilfe nicht möglich ist", verfasst Art. 20 Abs. 4 GG als Grundrecht. Widerstand muss dem Verhältnismässigkeitsprinzip folgen und darum Rechtsschutz bei den Gerichten, zumal dem Bundesverfassungsgericht, suchen. Aber auch Demonstrationen und Arbeitsniederlegungen gehören zu den friedlichen Widerstandsmitteln.

Die Bundeskanzlerin hat die Einreise der Flüchtlinge, die sich nach Ungarn durchgeschlagen haben, meist Syrer, erlaubt, um in deren „Notlage" zu helfen. „Souverän ist, wer über den Ausnahmezustand entscheidet", lehrt Carl Schmitt, der Staatslehrer der Diktatur (Politische Theologie, 1922, 1934, S. 13). Im Ausnahmezustand schafft der Souverän Ordnung, notfalls gegen das Recht, so Carl Schmitt. Nein, Souverän sind allein die Bürger, deren Souveränität verwirklicht sich ausschliesslich in der Rechtlichkeit des gemeinsamen Lebens. Das ist die Sittlichkeit des demokratischen Rechtsstaates, der Republik.

Abbildungen - Kapitel 1

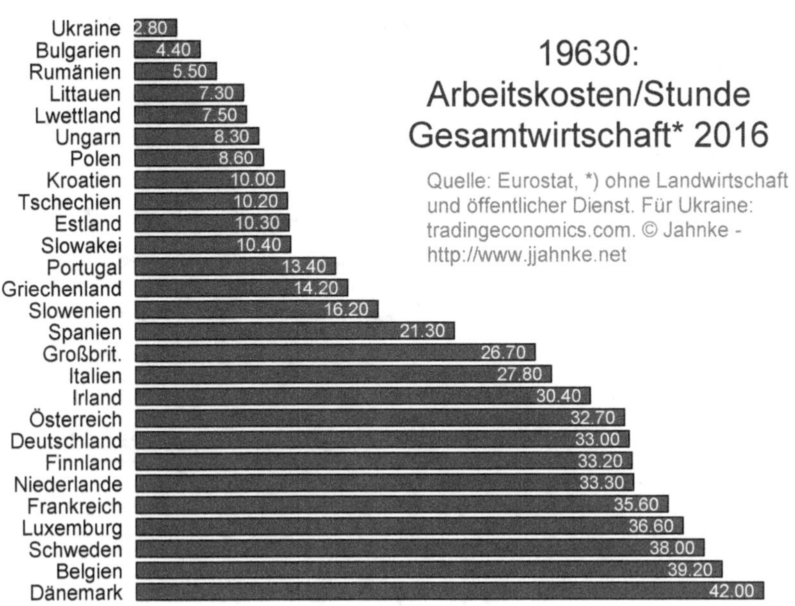

19622: Zahl der Ausländer in Deutschland und Einbürgerungen (kumulativ seit 1981)

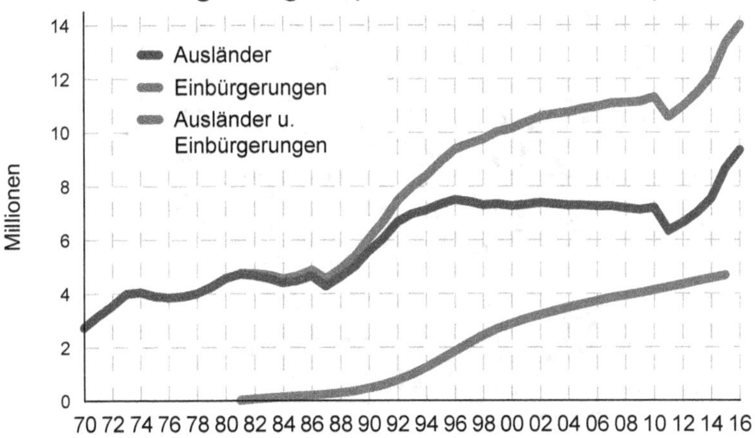

Quelle: Ausländer: Statista, für 2016 Hochrechnung nach 9 Monaten auf Basis BMAF, Einbürgerungen: StaBuA. © Jahnke - http://www.jjahnke.net

19598: Migration aus Asien, Afrika und früherem Jugoslawien nach Deutschland 1968-2016

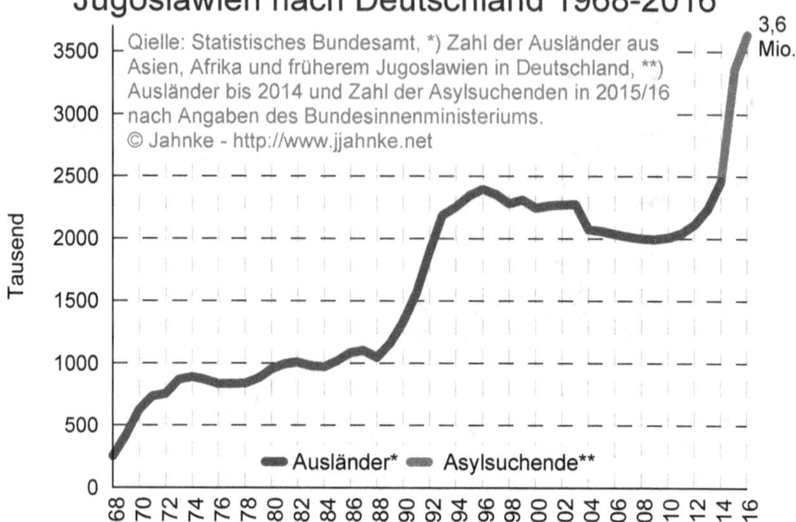

19075: Anteil der Bevölkerung mit Migrationshintergrund 2013 in %

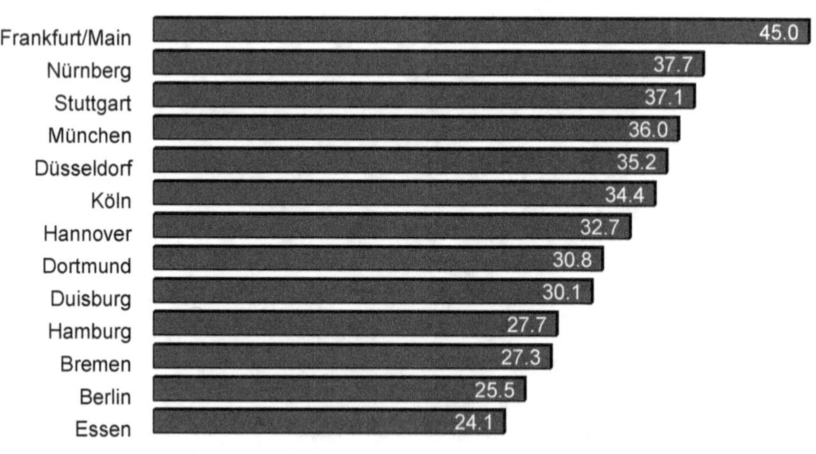

Quelle: Statistisches Bundesamt, Mikrozensus 2013. © Jahnke - http://www.jjahnke.net

Kapitel 2

18099: Anteil der Bevölkerung mit Migrationshintergrund im Alter von bis 3 Jahre 2008 an der Gesamtaltersgruppe in % (die in 2017 12-Jährigen)
Frankfurt/Main
München
Stuttgart
Köln
Hamburg
Ruhrgebiet
Berlin
71.7
61.4
57.5
53.0
47.7
47.5
43.8
Quelle: Statistische Ämter des Bundes und der Länder, Mikrozensus (Autorengruppe Bildungsberichterstattung). © Jahnke - http://www.jjahnke.net

19135: Armutsentwicklung 1960-2014
17
16
15
14
13
12
11
10
9
8
7
6
Armutsrisikoquote (SOEP)
Einkommens- und Verbrauchsstichprobe (EVS)
Quelle: EVS bis 1998, Olaf Groh-Samberg, Armut, soziale Ausgrenzung und Klassenstruktur, 2009; SOEP bis 2006, danach StaBuA/Eurostat (SOEP). © Jahnke - http://www.jjahnke.net
60 62 64 66 68 70 72 74 76 78 80 82 84 86 88 90 92 94 96 98 00 02 04 06 08 10 12 14

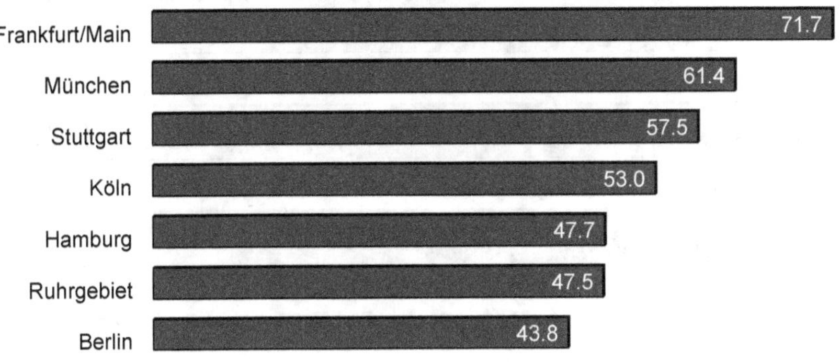

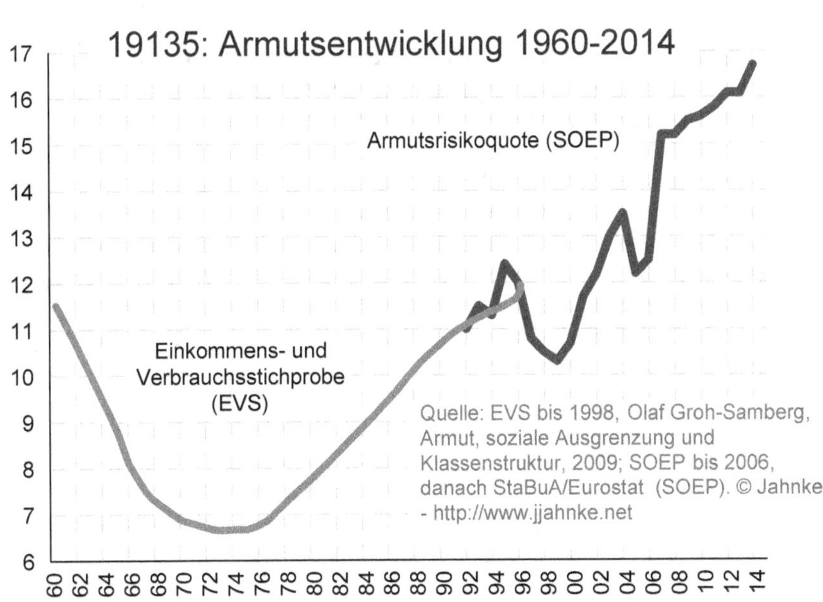

17342: Umfrage unter Menschen mit türkischem Migrationshintergrund: Welches Land empfinden Sie als Ihre Heimat?

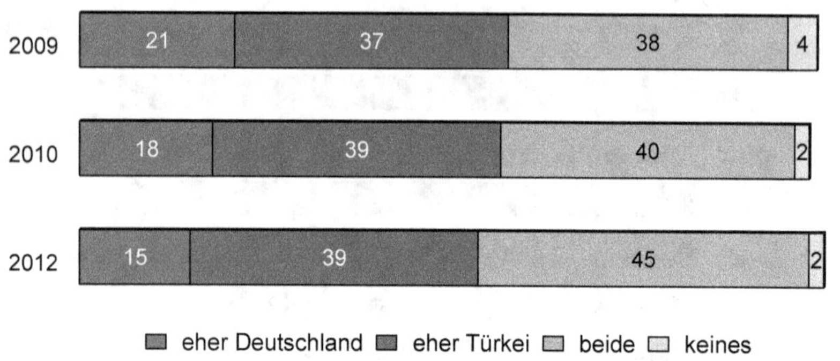

Quelle: Studie des Meinungsforschungsinstituts Info 2012. © Jahnke - http://www.jjahnke.net

15698: Schulbesuch nach Alter und Region in der Türkei: Mädchen

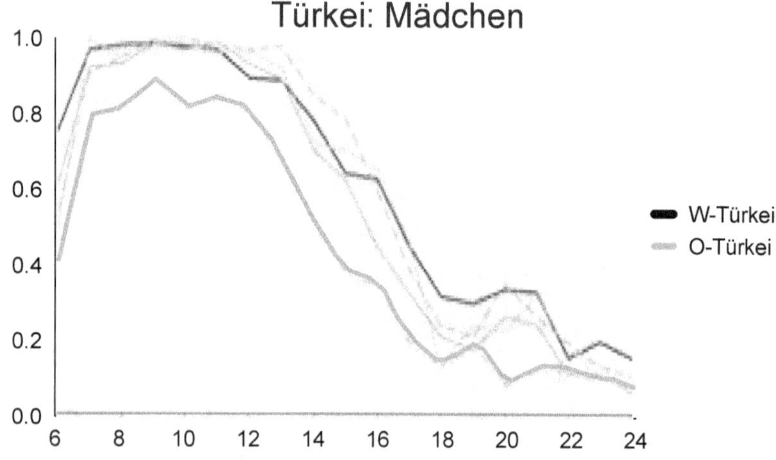

Quelle: Equity and Growth in a Globalized World, 2011. © Jahnke - http://www.jjahnke.net

19625: Bildungsabschluß* von Männern mit türkischem Migrationshintergrund in Deutschland 2014 in %

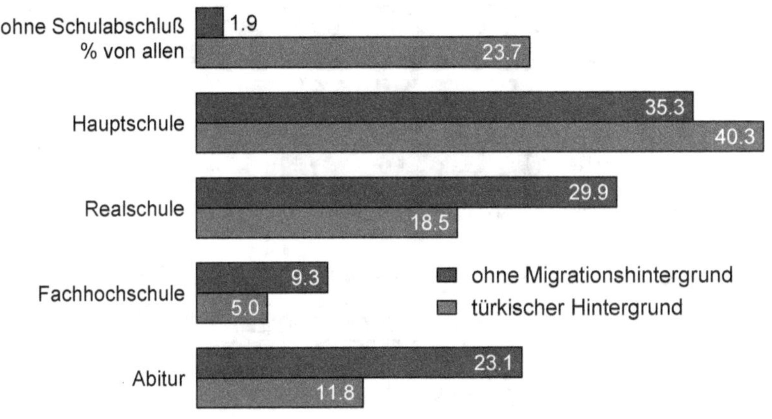

Quelle: Bevölkerung mit Migrationshintergrund, Statistisches Bundesamt 2014. *) soweit nicht noch in Schulbildung oder noch nicht schulpflichtig.
© Jahnke - http://www.jjahnke.net

19626: Bildungsabschluß* von Frauen mit türkischem Migrationshintergrund in Deutschland 2014 in %

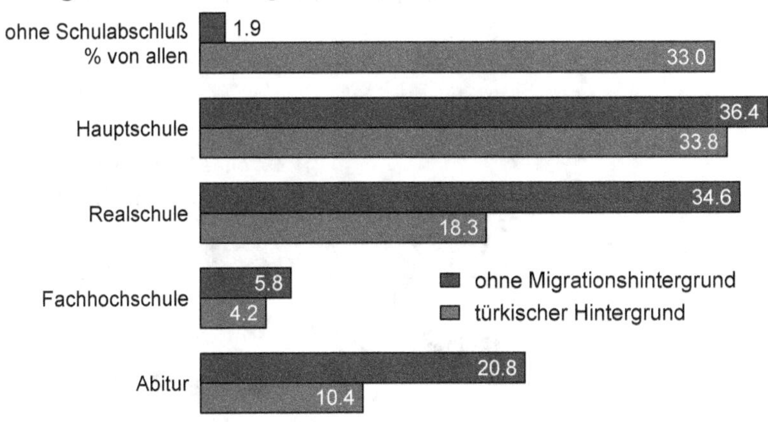

Quelle: Bevölkerung mit Migrationshintergrund, Statistisches Bundesamt 2014. *) soweit nicht noch in Schulbildung oder noch nicht schulpflichtig.
© Jahnke - http://www.jjahnke.net

18828: Anteil der Menschen mit berufsqualifizierendem Bildungsabschluß in %

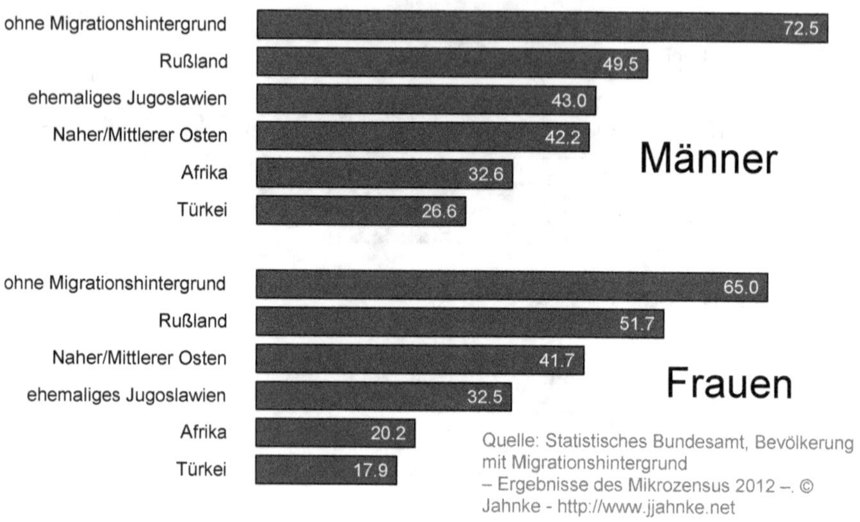

19624: Kinder unter 18 Jahren 2014 nach Elternhaus und Risikolagen in %

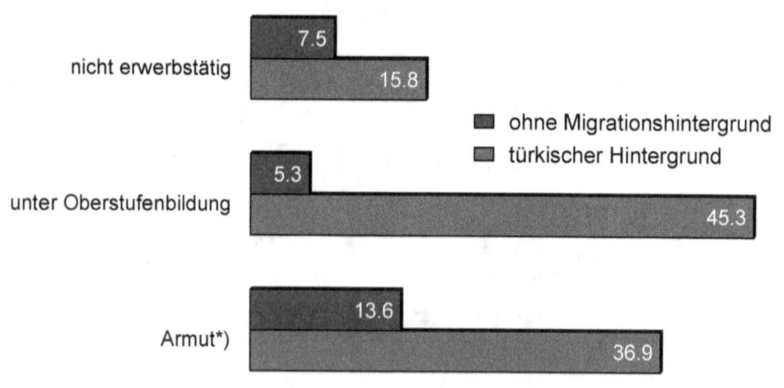

Quelle: Bildungsbericht der Bundesregierung 2016. *) unter 60 % des mittleren Äquivalenzeinkommens. © Jahnke - http://www.jjahnke.net

17299: Anteil der 30- bis unter 35-Jährigen ohne beruflichen Bildungsabschluss 2010

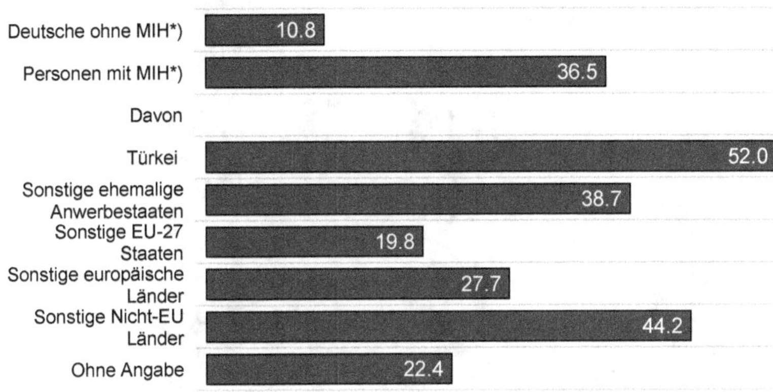

Quelle: Bildungsbericht 2012. *) MIH = Migrationshintergrjnd. © Jahnke - http://www.jjahnke.net

15277: Anteil von Kindern türkischer Immigranten im Alter von 20-29 Jahren und nicht in Ausbildung an allen Immigrantenkindern dieser Gruppe 2007

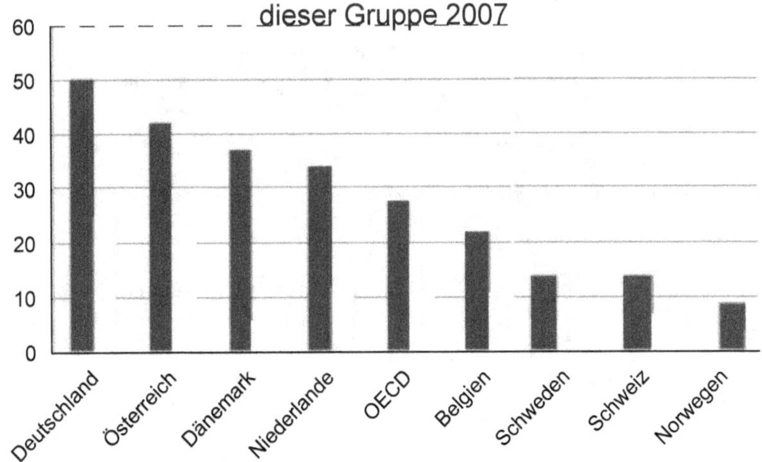

Quelle: OECD, "Children of Immigrants in the Labour Markets", 2009. © Jahnke - http://www.jjahnke.net

18573: "Die Befolgung der Gebote meiner Religion ist für mich wichtiger als die Gesetze des Staates, in dem ich lebe"

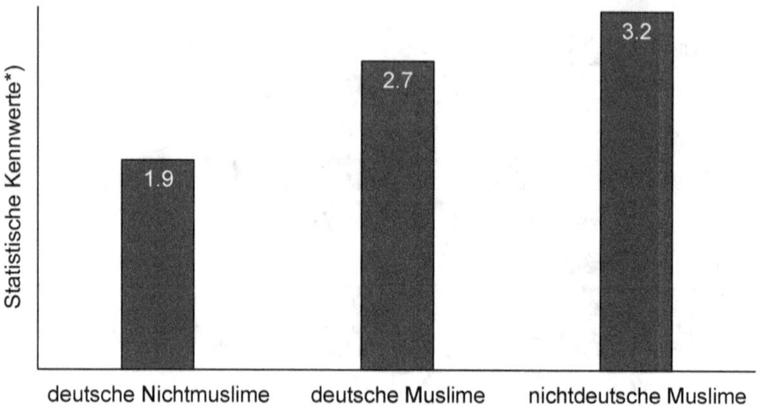

Quelle: Bundesinnenministerium, "Lebenswelten junger Muslime in Deutschland", Juli 2011.
*) In der Umfrage waren als Antwortmöglichkeiten die Zahlen 1 bis 5 vorgegeben (mit 1 = "sehr wenig", 2 = "wenig", 3 = "mittel", 4 = "viel", sowie 5 = "sehr viel"). Die Durchschnittswerte liefern die hier abgetragenen Kennwerte.© Jahnke - http://www.jjahnke.net

19427: Vergleich der Sozialdaten türkischer Migrationshintergrund mit ohne Migrationshintergrund

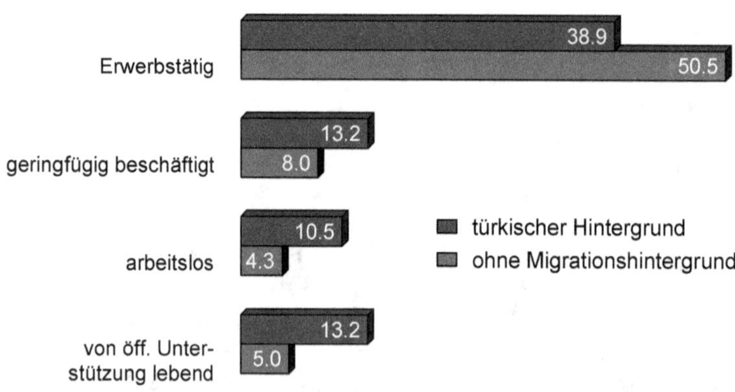

Quelle: Statistisches Bundesamt, Bevölkerung mit Migrationshintergrund – Ergebnisse des Mikrozensus 2013. © Jahnke - http://www.jjahnke.net

Kapitel 3

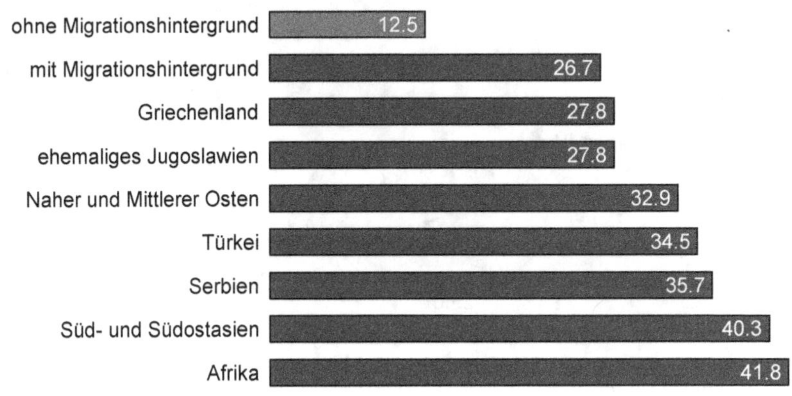

Quelle: Statistisches Bundesamt, Fachserie 1 - 2.2. © Jahnke - http://www.jjahnke.net

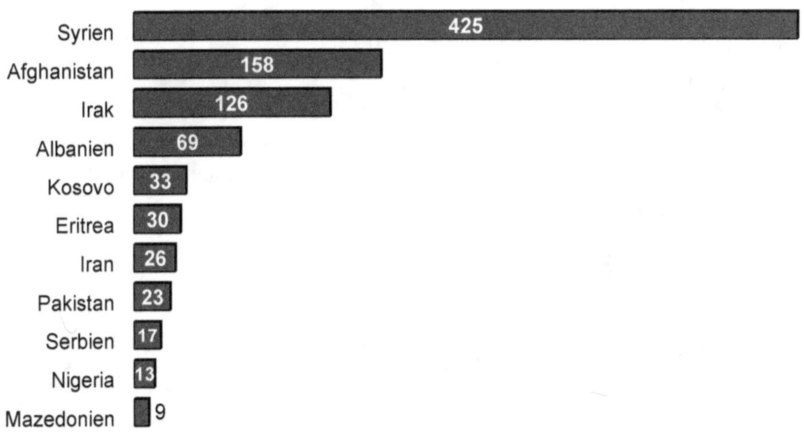

Quelle: BMAF. © Jahnke - http://www.jjahnke.net

19563: Entscheidungen über 695.733 Asylanträge 2016

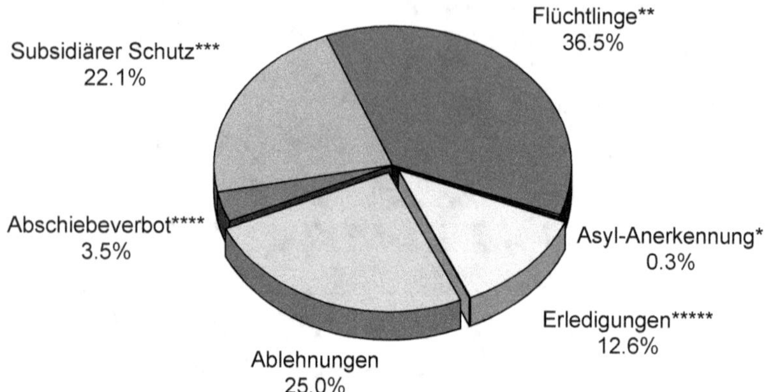

Quelle: BAMF. *) nach Art. 16 GG, **) nach Genfer Flüchtlingskonvention, ***) § 4 AsylG (Ein Ausländer ist subsidiär Schutzberechtigter, wenn er stichhaltige Gründe für die Annahme vorgebracht hat, dass ihm in seinem Herkunftsland ein ernsthafter Schaden droht), ****) nach § 60 Abs. 5/7 AufenthG,*****) formelle (negative) Erledigungen. © Jahnke - http://www.jjahnke.net

19562: Entwicklung von Abschiebungen und Erstanträgen auf Asyl in 1.000

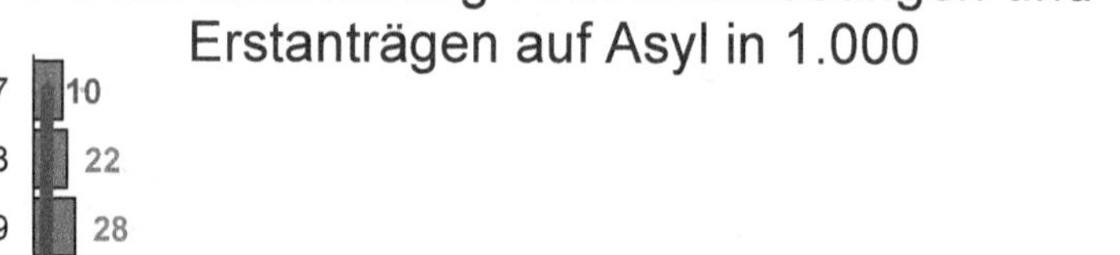

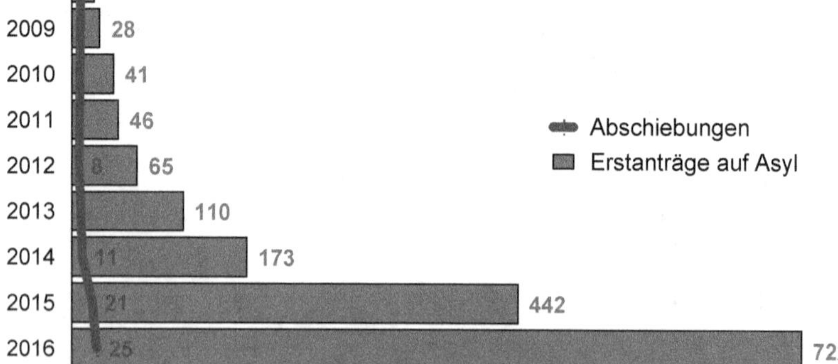

Quelle: Zu Abschiebungen: Antwort des Innenministeriums auf eine Anfrage der Linken-Bundestagsfraktion, zu Asylanträgen BAMF. © Jahnke - http://www.jjahnke.net

Kapitel 4

19264: Höchster Schulbesuch/-Abschluß bei Deutschen und Asylantragstellern in %

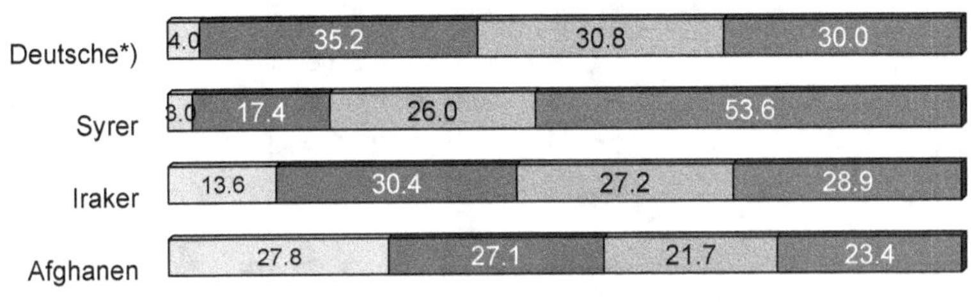

Quelle: Für Deutsche Mikrozensus 2014, Schulabschluß, 15 Jahre und älter; für Migranten Kurzanalyse BAMF 03/2016, höchstbesuchte Bildungseinrichtung, volljährige Asylantragsteller. **) Bei Migranten Besuch von Gymnasien und Hochschulen; ohne Schulabschluß enthält auch ohne formelle Schulbildung; auf Basis freiwilliger unverbindlicher Selbstauskünfte, die nach Angabe des BAMF nur begrenzte Aussagekraft haben. © Jahnke - http://www.jjahnke.net

19017: Bildungsstand der Syrer in der Türkei 2013

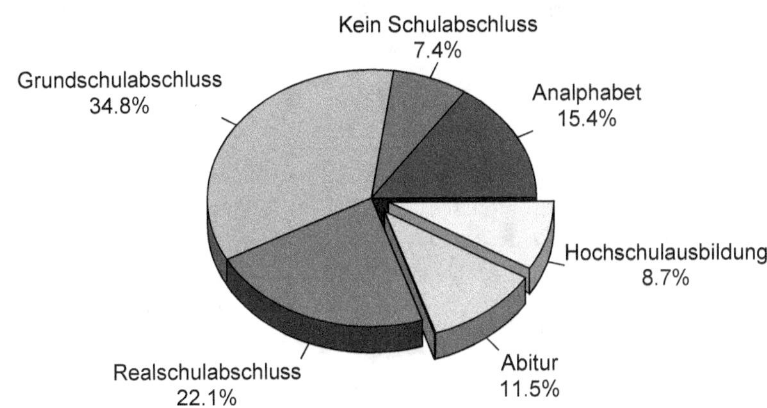

Quelle: Republic of Turkey Prime Ministry Disaster and Emergency Managment Presidency, Syrian Refugees in Turkey, 2013. Erfaßt sind 12.000 Menschen ab 6 Jahre. © Jahnke - http://www.jjahnke.net

19621: Erwerbstätigenquote von Personen im Kontext der Fluchtmigration nach Zuzugsjahr in %

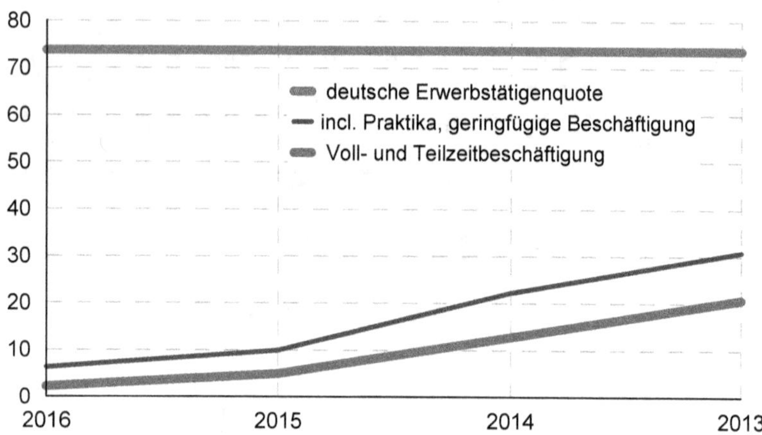

Quelle: IAB, Arbeitsmarktintegration von Geflüchteten in Deutschland: Der Stand zum Jahresbeginn 2017. © Jahnke - http://www.jjahnke.net

19597: Monatliche Veränderung in der Zahl der Hartz IV-Bezieher unter nichteuropäische Asylherkunftsländer gegenüber Vorjahresmonat

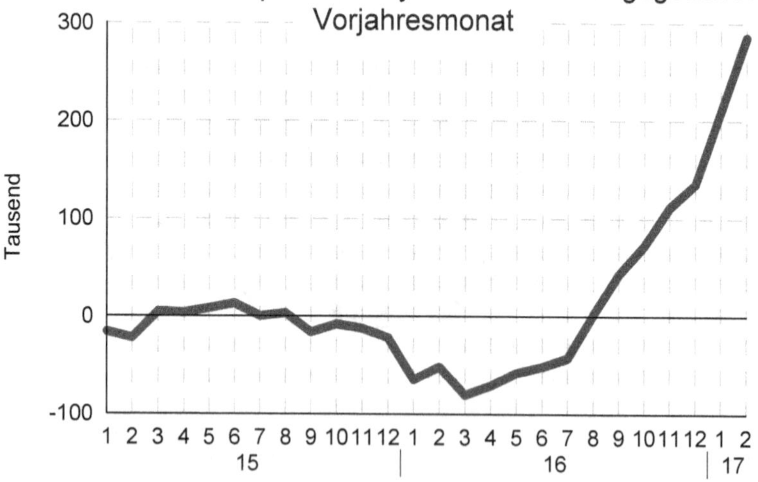

Quelle: Bundesagentur für Arbeit. © Jahnke - http://www.jjahnke.net

19631: Regelleistungsberechtigte im SGB II aus den nichteuropäischen Asylherkunftsländern* bis März 2017 in Tsd.

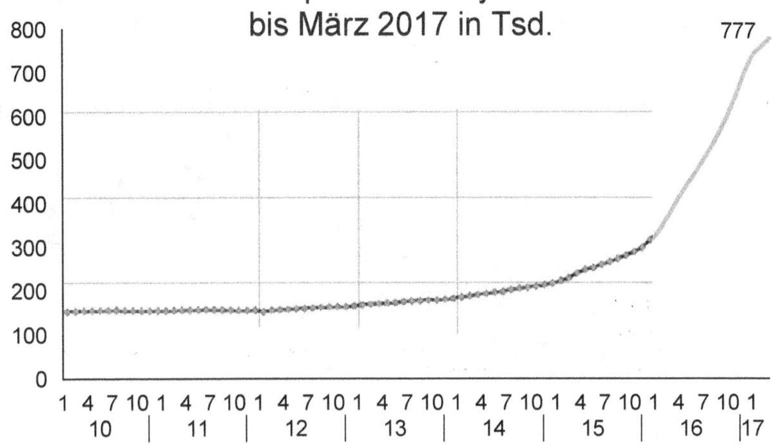

Quelle: Bundesagentur für Arbeit. *) Afghanistan, Eritrea, Irak, Iran, Nigeria, Pakistan, Somalia und Syrien. © Jahnke - http://www.jjahnke.net

19585: Arbeitsmarktindikatoren für Menschen aus nichteuropäischen Asylherkunftsländern für März 2017

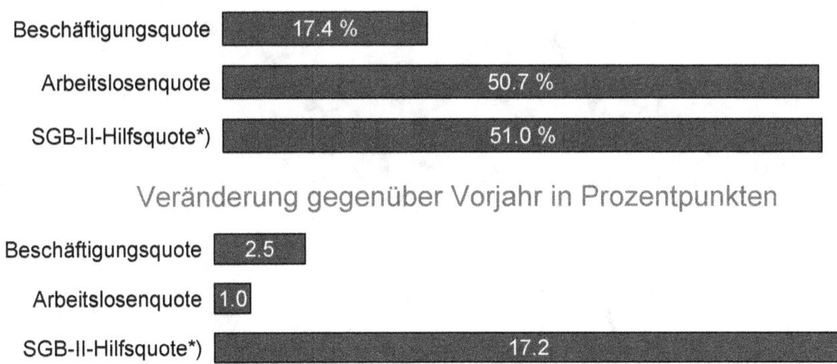

Quelle: Institut für Arbeitsmarkt- und Berufsforschung, Zuwanderungsmonitor. *) Februar 2017. © Jahnke - http://www.jjahnke.net

Kapitel 7

19591: Entwicklung der Verteilung des realen Bruttostundenlohns von abhängig Beschäftigten in %

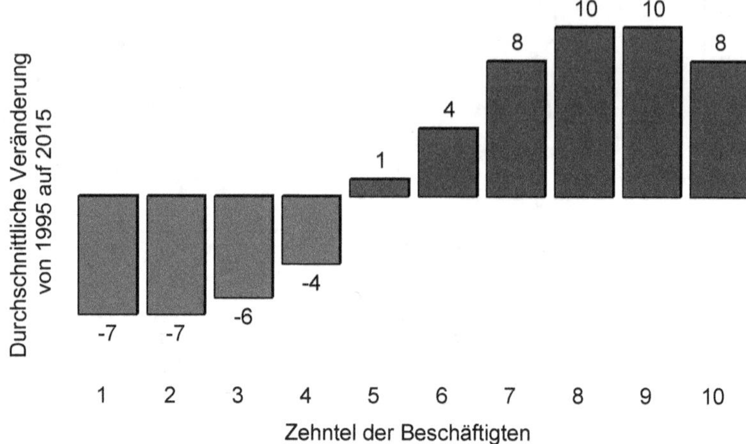

Quelle: Armuts- und Reichtumsbericht 2017. © Jahnke - http://www.jjahnke.net

19593: Einkommensentwicklung Veränderung gegenüber 1991 in %

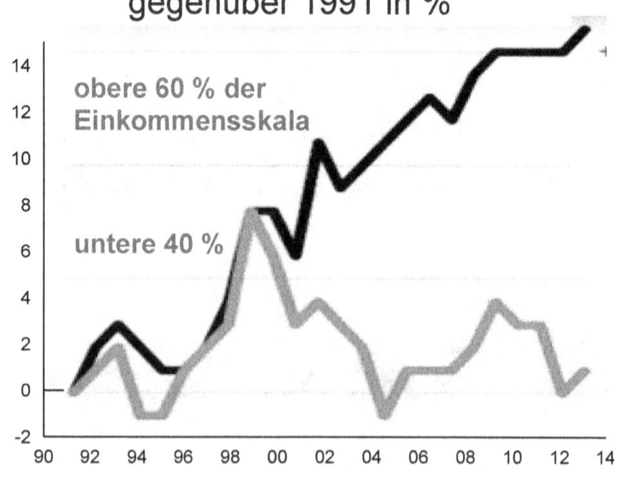

Quelle: DIW Berlin, *) verfügbares Einkommen. © Jahnke - http://www.jjahnke.net

19592: Vermögensverteilung in %

Anteil der oberen Haushalte und Anteil am Vermögen

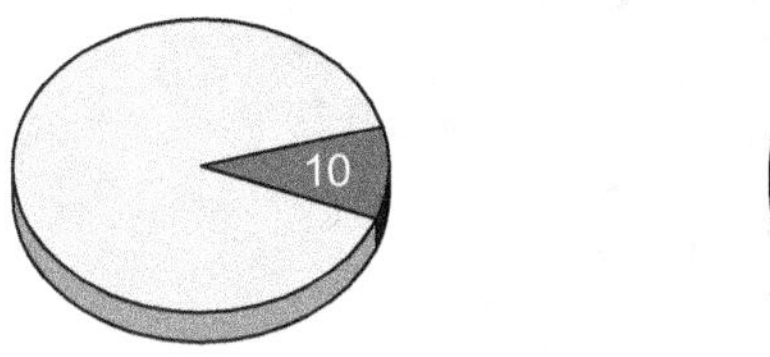

Anteil der unteren Haushalte und Anteil am Vermögen

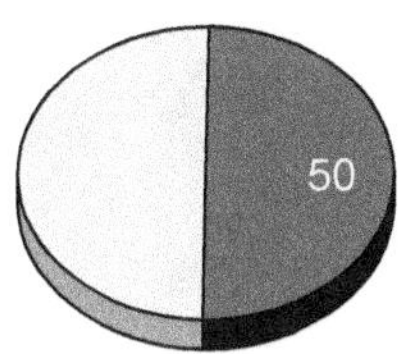

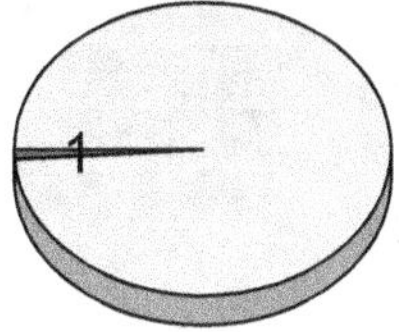

Quelle: Armuts- und Reichtumsbericht 2017. © Jahnke - http://www.jjahnke.net

19616: Amutsrisikoquote* von Kindern (bis 17 Jahren)

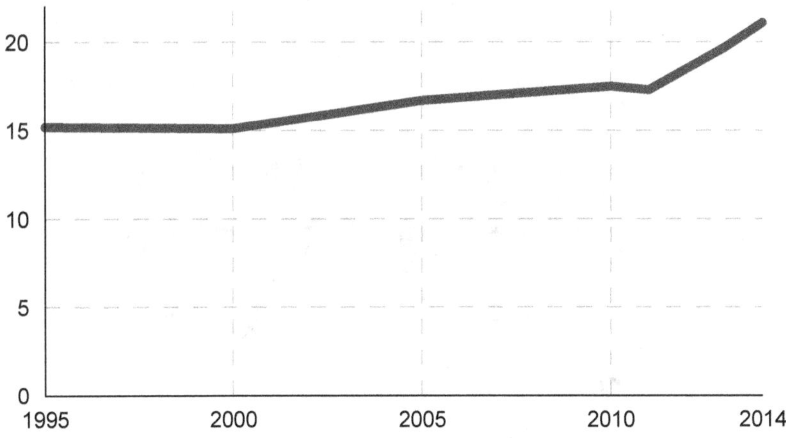

Quelle: Armuts- und Reichtumsbericht der Bundesregierung (Entwurf März 2017),
*) Haushalte mit weniger als 60 Prozent des mittleren Einkommens. © Jahnke -
http://www.jjahnke.net

19618: Median-Vermögen in der Eurozone in Tsd. Euro

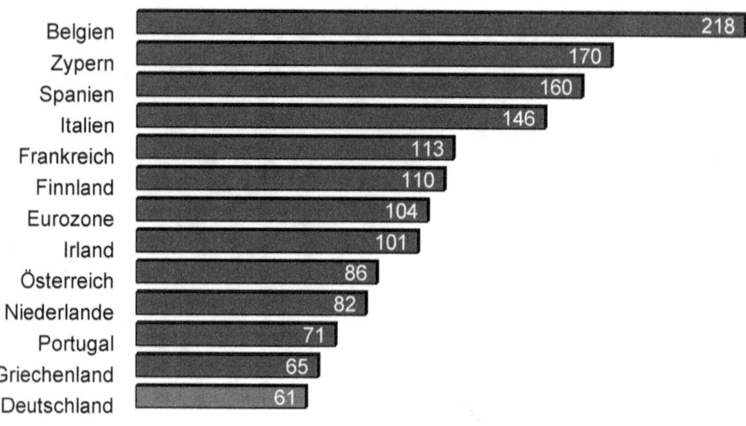

Quelle: EZB, The Household Finance and Consumption Survey, Dez. 2016.
© Jahnke - http://www.jjahnke.net

19619: Verteilung des Nettovermögens nach Haushalten

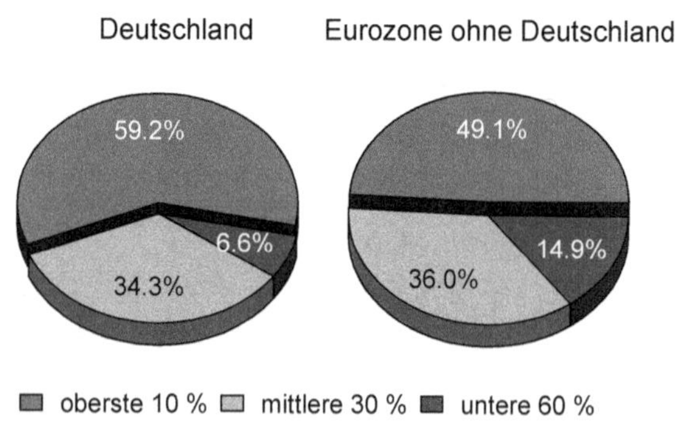

Quelle: EZB, The Eurosystem Household Finance and Consumption Survey, 8.4.13.
© Jahnke - http://www.jjahnke.net

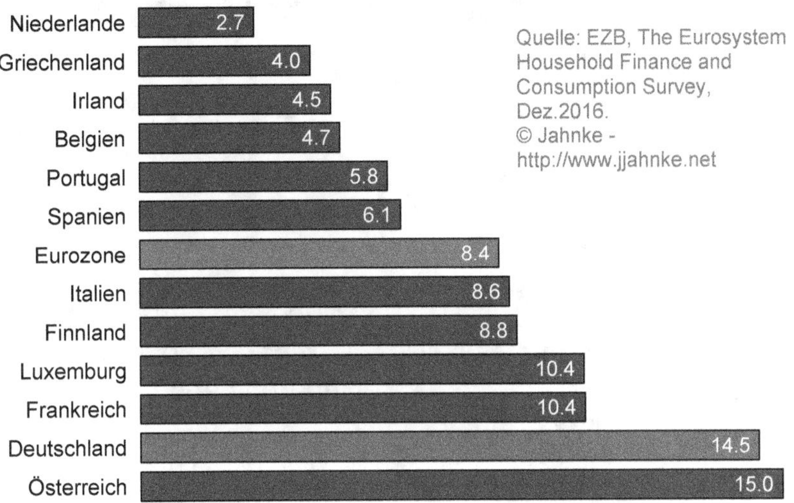

18089: Durchschnittliches Vermögen des vom Einkommen her obersten Zehntels der Haushalte als Vielfaches des untersten Fünftels
Niederlande 2.7
Griechenland 4.0
Irland 4.5
Belgien 4.7
Portugal 5.8
Spanien 6.1
Eurozone 8.4
Italien 8.6
Finnland 8.8
Luxemburg 10.4
Frankreich 10.4
Deutschland 14.5
Österreich 15.0
Quelle: EZB, The Eurosystem Household Finance and Consumption Survey, Dez.2016.
© Jahnke - http://www.jjahnke.net

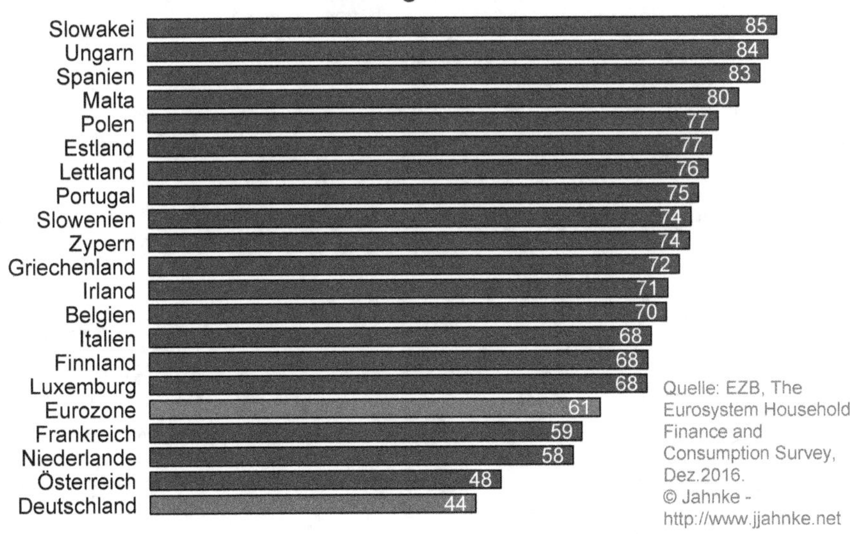

18090: Anteile der Haushalte, die in einer eigenen Wohnung wohnen in %
Slowakei 85
Ungarn 84
Spanien 83
Malta 80
Polen 77
Estland 77
Lettland 76
Portugal 75
Slowenien 74
Zypern 74
Griechenland 72
Irland 71
Belgien 70
Italien 68
Finnland 68
Luxemburg 68
Eurozone 61
Frankreich 59
Niederlande 58
Österreich 48
Deutschland 44
Quelle: EZB, The Eurosystem Household Finance and Consumption Survey, Dez.2016.
© Jahnke - http://www.jjahnke.net

Kapitel 8

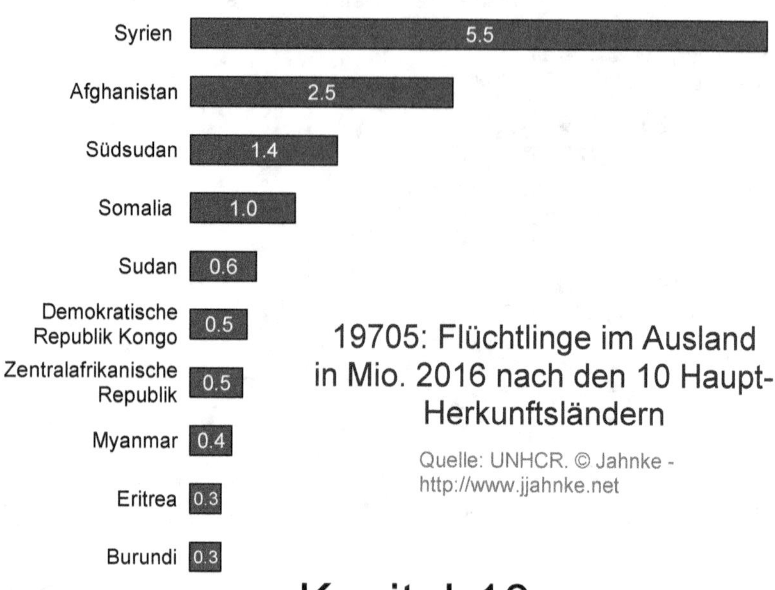

Kapitel 10

19707: Weltweit Vertriebene und Flüchtlinge* in Mio.

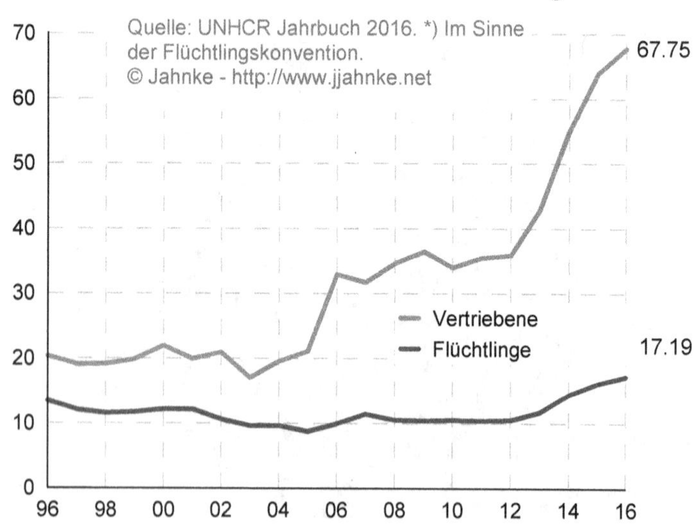

19706: Flüchtlinge : Haupt-Aufnahmeländer 2016 in Tsd.

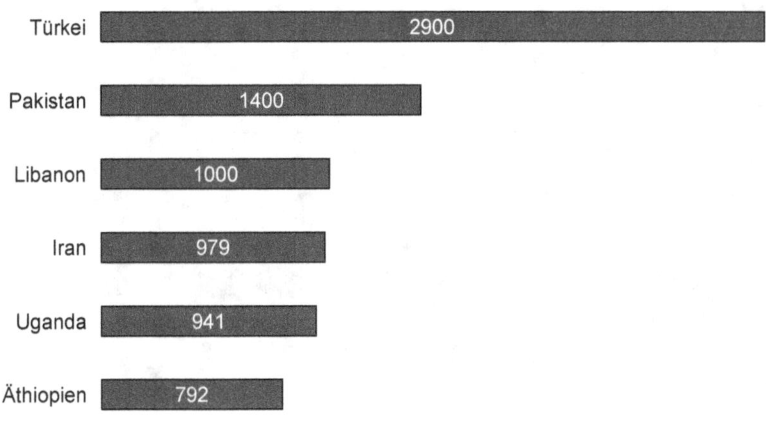

Quelle: UNHCR. © Jahnke - http://www.jjahnke.net

Anlage 1

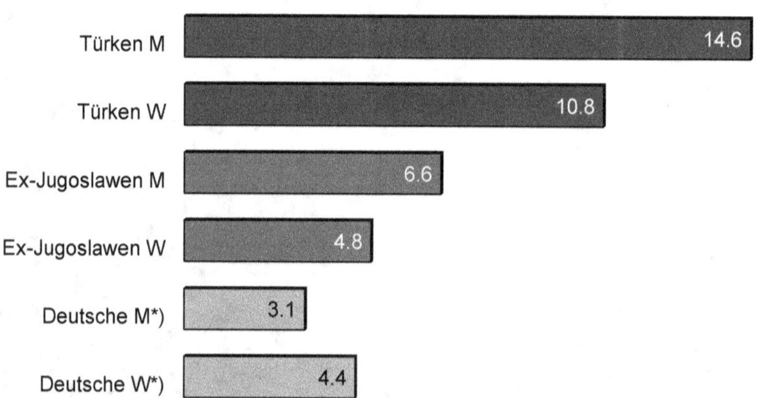

Quelle: TIES-Studie zur türkischen und jugoslawischen Einwanderung, Institut für Migrationsforschung und Interkulturelle Studien (IMIS) der Universität Osnabrück, Heft 39/2011, *) ethnischer Hintergrund. © Jahnke - http://www.jjahnke.net

19208: Empfehlungen für weiterführende Schulen (in %, ohne vermischte Empfehlungen)

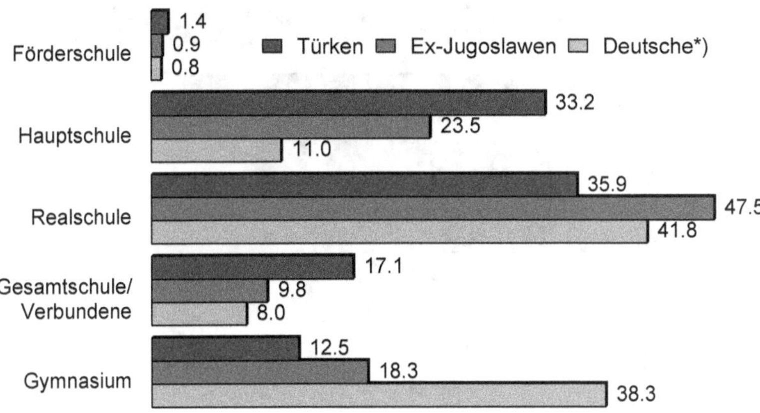

Quelle: TIES-Studie zur türkischen und jugoslawischen Einwanderung, Institut für Migrationsforschung und Interkulturelle Studien (IMIS) der Universität Osnabrück, Heft 39/2011, *) ethnischer Hintergrund. © Jahnke - http://www.jjahnke.net

19209: Erste Schule der Sekundarstufe I Berlin in % (männliche Schüler)

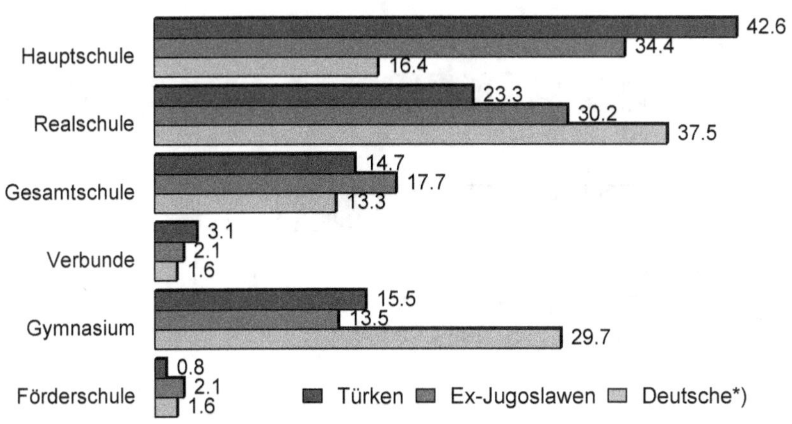

Quelle: TIES-Studie zur türkischen und jugoslawischen Einwanderung, Institut für Migrationsforschung und Interkulturelle Studien (IMIS) der Universität Osnabrück, Heft 39/2011, *) ethnischer Hintergrund. © Jahnke - http://www.jjahnke.net

19210: Klassenwiederholungen in der Sekundarstufe I
(M=männlich, W=weiblich)

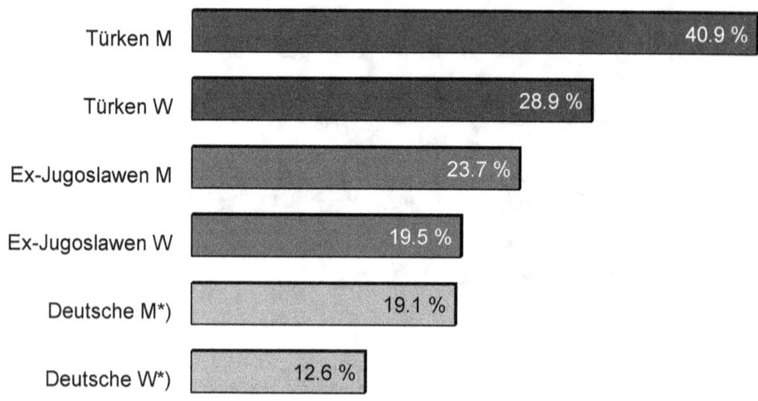

Quelle: TIES-Studie zur türkischen und jugoslawischen Einwanderung, Institut für Migrationsforschung und Interkulturelle Studien (IMIS) der Universität Osnabrück, Heft 39/2011, *) ethnischer Hintergrund. © Jahnke - http://www.jjahnke.net

19211: Anteil der Hauptschuldabgänger ohne weiteren Bildungsgang in %

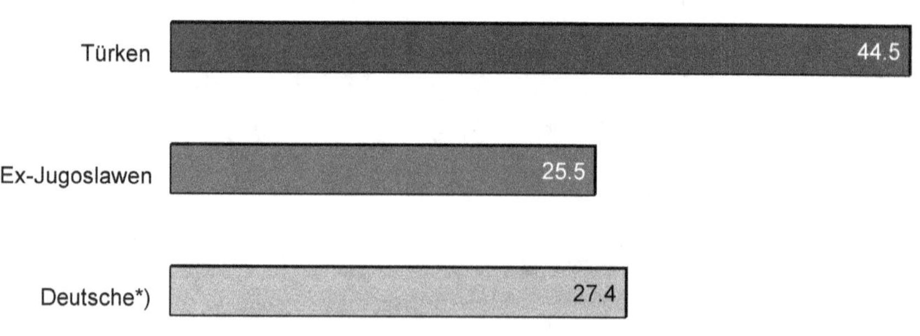

Quelle: TIES-Studie zur türkischen und jugoslawischen Einwanderung, Institut für Migrationsforschung und Interkulturelle Studien (IMIS) der Universität Osnabrück, Heft 39/2011, *) ethnischer Hintergrund. © Jahnke - http://www.jjahnke.net

19213: Anteil der Menschen mit berufsqualifizierendem Bildungsabschluß in %

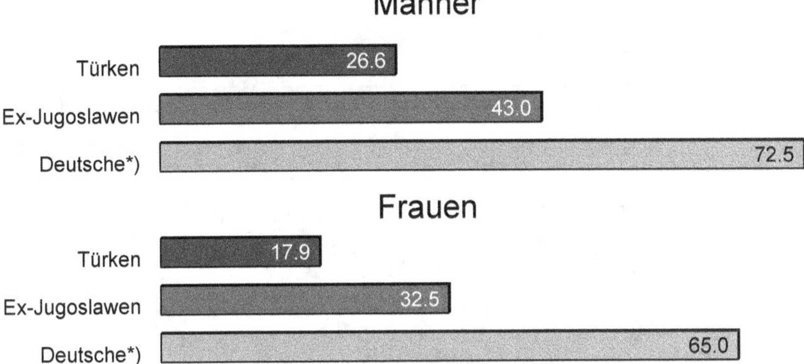

Quelle: Statistisches Bundesamt, Bevölkerung mit Migrationshintergrund –
Ergebnisse des Mikrozensus 2012 –. © Jahnke - http://www.jjahnke.net

19212: Bedeutung des Vaters bei der Unterstützung bei den Hausaufgaben: "eher wichtig" in %

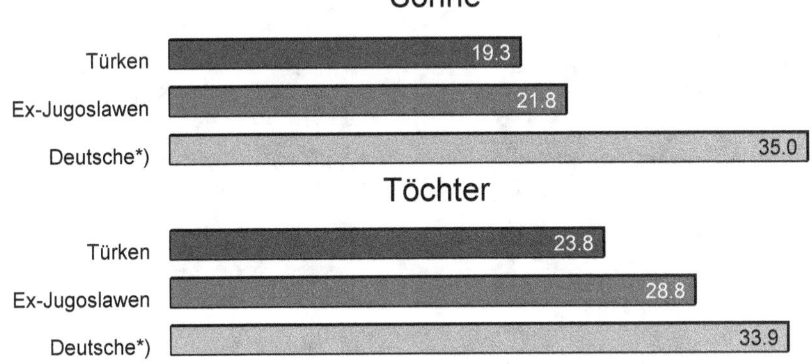

Quelle: TIES-Studie zur türkischen und jugoslawischen Einwanderung, Institut für
Migrationsforschung und Interkulturelle Studien (IMIS) der Universität Osnabrück,
Heft 39/2011, *) ethnischer Hintergrund. © Jahnke - http://www.jjahnke.net

19214: Verhältnis zu Deutschland in %

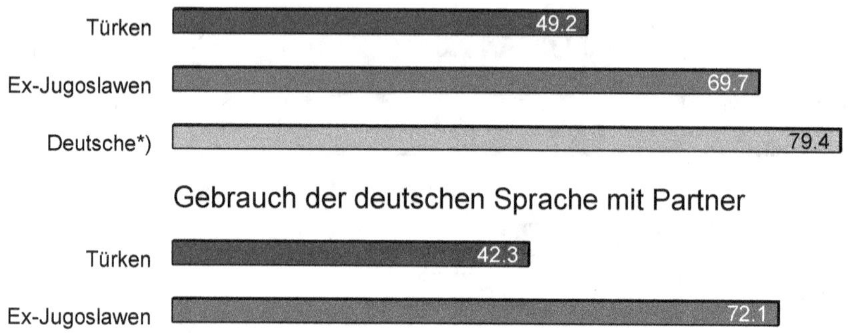

Quelle: TIES-Studie zur türkischen und jugoslawischen Einwanderung, Institut für Migrationsforschung und Interkulturelle Studien (IMIS) der Universität Osnabrück, Heft 39/2011, *) ethnischer Hintergrund. © Jahnke - http://www.jjahnke.net

19215: Konzentration der eigenethnischen Gruppe im Wohnviertel

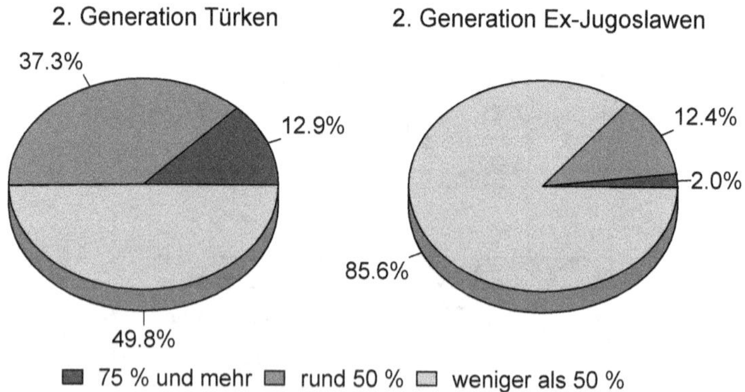

Quelle: TIES-Studie zur türkischen und jugoslawischen Einwanderung, Institut für Migrationsforschung und Interkulturelle Studien (IMIS) der Universität Osnabrück, Heft 39/2011. © Jahnke - http://www.jjahnke.net